自分を見つめる カウンセリング・マインド
ヘルスケア・ワークの基本と展開

五十嵐 透子

医歯薬出版株式会社

This book was originally published in Japanese
under the title of :

JIBUN-O MITSUMERU KAUNSERINGU-MAINDO
HERUSUKEA-WÂKU-NO KIHON-TO TENKAI
(Understanding & Accepting Self—
Counseling Mind : the Foundation and
Development of Health Care Work)

IGARASHI, Toko, Ph.D.
  Professor, Joetsu University of Education,
  Graduate School of Education

© 2003 1 st ed.

ISHIYAKU PUBLISHERS, INC.
  7-10, Honkomagome 1 chome, Bunkyo-ku,
  Tokyo 113-8612, Japan

はじめに

　これまでに様々なコミュニケーションに関する書籍が出版されています．今回，本書をまとめるにあたっては，対人関係のコミュニケーションのどこに焦点を当てたものが望ましいかと考え，一場面ごとに異なるコミュニケーションではあっても，そこに共通するものはあるはずで，いわゆる「正解」のない"人と人との関係"における様々な要因を取り上げ，コミュニケーションの焦点を明らかにするよう努めました．

　わたくし自身，クライエント，学生，同僚，組織の構成メンバー，外部の人々，友人たちとのコミュニケーションのなかで学ぶことは続いており，同時に人と人が"わかり合う"ことの難しさを痛感する毎日のなかで，コミュニケーションに関することをこのような1つの形にすることに不十分さと抵抗を感じずにはおられません．しかし，たとえば，クライエントを理解したいという思いをより効果的な実践につなげるためには，コミュニケーションの基本的知識をその根拠も含めて理解し会得することが不可欠であり，そのために活用されることを願って本書をまとめるに至りました．

　本書中には"自分を見つめる"ことが異なる視点をとりながら繰り返し出てきますが，より効果的なコミュニケーションを営むためには，自責の念にかられることなく自分を見つめることが必要となります．タイトルに"自分を見つめる"というフレーズを入れたのも，そのことを強調したかったからです．また，相手を見つめ理解しようとするときには，どうしても一方的なとらえ方をしがちですが，"自分を見つめる"ことも含んだ包括的な視点をもつことが求められ，さらにそこでは文化的背景も忘れてはならないと思います．

　本書の内容は，上記のような考えのもとにヘルスケア・ワークを中心にした場面を多く取り入れながら展開したものですが，教育や保健，福祉などの領域においてもコミュニケーションの基本として共通するものと考えており，より効果的な実践のために広く活用されることを願っております．

　最後に，草稿に対し数多くのご指摘をいただきました，国際基督教大学名誉教授でおられ，人間性心理学やコミュニティー心理学，異文化間心理学などの幅広い領域での研究をしておられる星野命先生に深く感謝しております．また，本書の完成までねばり強くサポートしていただきました医歯薬出版株式会社の編集担当の方々と，本文の内容からイラストにまとめてくださった小川さゆりさん，わたくしの希望どおりのカバーデザインを作っていただいた国井 節さんと国井京子さん，そして，数多くの方々と家族にこころから感謝しております．

Let's listen to each other!
2003年6月　五十嵐透子

「自分を見つめる カウンセリング・マインド ヘルスケア・ワークの基本と展開」もくじ

本書の視点と特徴 ——— 2

I 安心感 (a sense of secure) と信頼感 (a sense of trust) — 4

1. 日本社会における安心感 ——— 4
2. 安心感と安全感 ——— 5
3. 医療場面における安心感と信頼感 ——— 6

II カウンセリング・マインド counseling mind — 8

1. カウンセリングやサイコセラピー
   （心理療法・精神療法：psychotherapy）とは ——— 13
2. 技術と技能 ——— 16

III 共感 empathy — 17

1. 対人関係と共感 ——— 17
   1) 体験していることや伝えたいことは常に意識化した明確なものではない ——— 19
   2) 体験していることや伝えたいことを伝える技術と態度 ——— 19
   3) 体験していることや伝えたいことは1つではないこと，一般的なとらえかたができないこと ——— 19
   4) 特に表現の難しい感情や話題 ——— 20
   5) 聴き手に必要な8要素 ——— 20
2. 7つの態度 ——— 22
   1) 評価的態度（evaluative attitude） ——— 22
   2) 指示的態度（directive attitude） ——— 23
   3) 逃避的・回避的態度（escapism・avoidant attitude） ——— 24
   4) 探索的・調査的態度（probing attitude） ——— 24
   5) 支持的態度（supportive attidude） ——— 26
   6) 解釈的態度（interpretive attitude） ——— 26
   7) 理解的態度（understanding attitude） ——— 27
3. "わかる＝理解する" こと ——— 29
4. 共感の定義 ——— 30
   1) 2者間でコンタクトがあること ——— 32
   2) クライエントが何らかの課題を抱えていること ——— 33
   3) 聴き手は関係のなかで純粋性を維持し統合されていること ——— 34
   4) 無条件で積極的で肯定的な配慮をしていること ——— 35
   5) クライエントの体験を共感的に理解し，それをクライエントに伝えること ——— 36
   6) 決して過剰にならず，最小限で共感的理解と積極的で肯定的な配慮をしながら行うこと ——— 37

5．共感の生物学的側面 ──── 37
6．共感の発達 ──── 39
　　1）発達段階 ──── 39
　　2）間主観性（intersubjectivity） ──── 41
　　3）その他の要因 ──── 42
7．共感と異なる概念 ──── 42
　　1）共感と混同しやすい概念 ──── 43
　　2）共感と反対の概念 ──── 43
8．共感による効果 ──── 44
　　1）生きていることを感じ，実存していることの体験化 ──── 45
　　2）新しい体験の統合化の促進 ──── 46
　　3）コミュニケーションの質の向上 ──── 46
　　4）人にとって必要な万能感を体験し，創造力の向上・促進 ──── 46
　　5）不完全な自分自身と他者の受容の促進 ──── 46
　　6）現実感の体験 ──── 47
9．共感の習得 ──── 47

IV　ノンバーバル・コミュニケーション
nonverbal communication ──── 49

1．ノンバーバル・コミュニケーションの発達 ──── 50
2．目的 ──── 51
　　1）印象を受けたり与えたりする ──── 51
　　2）関係を示すメッセージを送る ──── 52
　　3）感情表現の1方法である ──── 52
　　4）自己表現の1方法である ──── 53
　　5）バーバル・メッセージを補佐する ──── 53
　　6）クライエントの行動修正などへの働きかけの1方法である ──── 53
　　7）習慣行為 ──── 53
3．ノンバーバル・コミュニケーションの種類 ──── 54
　　1）顔や頸部の動き ──── 54
　　2）目の動き〔アイコンタクト，見つめること（凝視，仰視も含む）〕 ──── 57
　　3）上半身の動き：ジェスチャーや手の動かし方，姿勢 ──── 61
　　4）下半身の動き：座りかたや足の動きなど ──── 65
　　5）パラランゲージ（口調・声の大きさ・話す速度・リズム・声の抑揚など） ──── 66
　　6）パーソナル・スペース ──── 67
　　7）沈黙 ──── 69
　　8）タッチング ──── 71
　　9）その他〔外見，歩きかた（移動のしかた），時間に対するとらえかた，環境設定など〕 ──── 77

V バーバル・コミュニケーション
verbal communication — 81

1. 面接場面の導入と構造化 — 82
2. 質問法（inquiry）— 87
   1) オープンエンド・クエスチョン
      （開かれた質問；open-ended questions）— 88
   2) クローズド・クエスチョン
      （閉ざされた質問；closed questions）— 89
   3) 構造化された質問
      （leading questions in structured interview）— 90
   4) 問いかけによる返答（answering by asking）— 91
3. 感情反映（reflecting feelings）— 92
4. 話した内容に対する受け止め（communicating content）— 95
5. 聴き手の抱く感情や考えの伝達
   （communicating feelings and/or thoughts）— 97
6. 直面化（confrontation）— 99
7. セルフ・ディスクロージャー
   （自己開示・自己暴露：self-disclosure）— 100
8. 情報提供（information giving）— 103
9. 最小限での励まし：話を続けるような促し
   （minimal encouragement）— 105
10. 話を聴く姿勢や態度とそれを伝える行動と
    ジョイニング（joining）とミラーリング（mirroring）— 105
11. ユーモア（humor）— 108
12. 要約（summarizing）— 112
13. 終結（termination）— 112

VI クライエントと自分自身の言動の意味を理解する：
防衛機制 defense mechanism — 115

1. 無意識レベルでの不安への適応 — 115
2. 種類 — 116
   1) 固着（fixation）— 117
   2) 退行（regression）— 117
   3) 抑圧（repression）— 119
   4) 分裂（splitting）— 120
   5) 取り入れ（introjection）— 121
   6) 同一視・化（identification）— 122
   7) 投射（projection）— 123
   8) 否認（denial）— 123
   9) 躁的状態（manic state）— 125

10）反動形成（reaction-formation） ——————————— 125
11）孤立化・分離（isolation） ——————————————— 127
12）打ち消し（undoing） ————————————————— 127
13）置き換え（displacement） ——————————————— 128
14）昇華（sublimation） ————————————————— 128
15）合理化（rationalization） ——————————————— 129
16）知性化（intellectualization） —————————————— 129
17）その他 ——————————————————————— 130

文　献 ————————————————————————— 132
索　引 ————————————————————————— 139

自分を見つめる カウンセリング・マインド
ヘルスケア・ワークの基本と展開

本書の 視点と特徴

　近年におけるコミュニケーションの重要性の高まりを医療領域においてみてみると，一方の医療提供サイドは，そのときに可能な最善のケアや検査・治療を包括的に提供することを念頭に行い，他方のクライエントの方は，親身になって聴いてくれるヘルスケア・ワーカーを求めているという．しかし，クライエント対医療者の割合が決して高くない現状のなか，仮に，話を聴いてくれることに時間をとる代償として最善のケアや治療ではなく不十分なケアや治療になってしまうようなことが生じるとしたら，クライエントはどちらの状況を選ぶのであろうか．

　これからのコミュニケーションのあり方を考えていくとき，ヘルスケア・ワーカーのみならず，クライエント自身にも変化が求められる側面もあり，双方向からの高まりが必要となってくるであろう．

本書は，医療領域をはじめとして人を対象とした専門家がより効果的なコミュニケー

Ⅰ Ⅱ Ⅲ　最初に，コミュニケーション・スキルとして1つひとつのスキルをみていく前に，対人関係で前提となるものを考えてみる．Ⅰ章では安心感や信頼感，Ⅱ章は対人関係における基本的な態度となる「カウンセリング・マインド」についてエクササイズを含めて解説した．Ⅲ章では，コミュニケーションにおいて頻回に語られる大切なものの1つとして「共感」をとり上げ，多角的にとらえ直すことを試みた．これらは，人との関係を営むにあたり前提となるものであるだけでなく，コミュニケーションを営む限り常に根底に流れるものである．

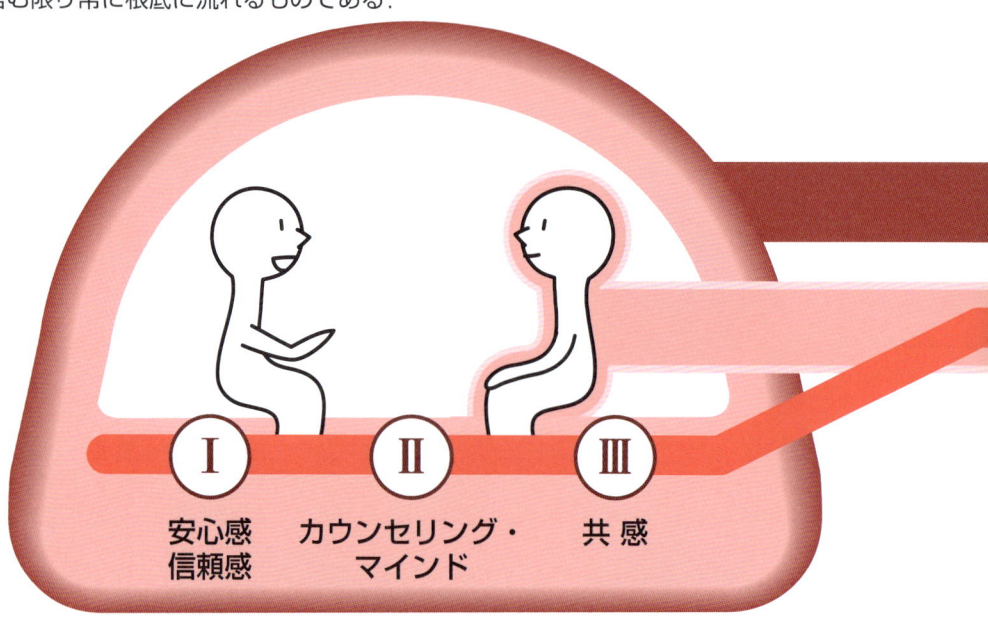

Ⅰ 安心感 信頼感　　Ⅱ カウンセリング・マインド　　Ⅲ 共感

自分を見つめる カウンセリング・マインド
ヘルスケア・ワークの基本と展開

ションが営めるように，それに役立つ基本的な知識を概説したものである（図参照）．

IV V これらの基本を理解し，相手を「わかろうとすること」や「聴くこと」に関する考察のうえに立ち，IV・V章ではスキルの側面から，ノンバーバル（非言語的）行動とバーバール（言語的）行動に区分してとらえてみた．

VI 加えて，話し手も聴き手も行動の意味や目的，それが生じる背景への理解を深めることで，さらにより効果的なコミュニケーションが営みやすくなるものと考え，最終章では話し手および聴き手の言動を「防衛機制」の視点から概説した．

I. 安心感（a sense of secure）と信頼感（a sense of trust）

1. 日本社会における安心感

　昨今"安心感のある"という表現が頻回に用いられている．従来の日本社会は公的な機関のみならず準公的機関や私的機関，雇用者と従業員，企業と消費者の関係は，"安心感"をもとに営まれており，背徳行為や裏切り，ニーズが満たされないことなどを意識することさえしなかったように思われる．安心感（a sense of secure）は，"保護された状態"で危険性を感じないでいられる状態である．広辞苑（1998）によれば，安心感は"心配や不安がなく，こころが安らいでいる状態"である．Harry S. Sullivan (1953)が，"安心感"を社会的・文化的欲求であり，心地よく緊張感のない落ち着いた状態を得ることは，人にとって大切なニーズの1つであると指摘しているように，安心感は対人関係のなかで体験するものであり，1人ひとりの様々なニーズが満たされた状態だけでなく，危険や苦しみ，痛みや不安から守られた状態といえる．信頼をおいた主治医から処方された薬は，副作用があっても安心して内服できるが，信頼していない主治医であれば副作用のことを心配しながら内服するという違いのように，安心感の獲得は他者の存在により可能になる．しかし安心感を提供してくれる存在は，一方では安心感の喪失につながる可能性ももち，持続的に確保し続けることには限界があるというリスクを伴っている．日本社会は長い間，新生児が全面的に保護された環境のなかで成長していくような"安心感"のなかで毎日の生活を送ってきたのかもしれない．

　山岸俊男（1999）は日本と欧米社会の違いを社会心理学の立場からとらえ，日本社会は安心感の崩壊が生じており，欧米社会は信頼感の崩壊が生じていると指摘している．不祥事が続く食品関連企業や電力発電関連のビジネスの方法や体質・体制は，消費者の命に直結する安全性を無視して消費者の信頼を裏切り，それまで疑うことさえしなかった消費者は"安心感の喪失"状態に陥っている．加えて，2001年9月11日のアメリカ合衆国における同時多発テロ以降，対イラク攻撃開始からイラク戦争終結後に至る世界情勢の変遷に伴う社会・経済状況，2004年10月の新潟中越地震や12月のスマトラ沖地震などの大規模な自然災害，あるいは1980年代からイギリスをはじめ各国でみられる牛海綿状脳症（BSE）（動物衛生研究所，2005）は人への変異型クロイツフェルト・ヤコブ病の感染につながり（横浜市衛生研究所，2005），我が国では2001年以降2004年末までに14頭の感染牛が報告され輸入制限につながるなど，これらの状況を日常生活の中で体験している我々は安心感が欠如した状態に直面している．このような状態のなかで，相手を信頼するか否かは自分の判断に基づき自分のことは自分で守る，危険性のあることを踏まえて自己責任をとる必要が医療，教育，金融などさまざまな生活場面で高まってきており，契約関係を結んだうえで関係性（relatedness）が成立する社会に移行してきている．これは必ずしも契約社会の代表ともいえるアメリカのようになるのではなく，"あうんの呼吸"で営まれてきた日本特有の文化に変化を促す大きな挑戦であるかもしれない．

自己決定は，自分の自由意志に基づき行動をとり，その結果に責任を負うというルールが根底にある（苅谷剛彦，2001）．そして自由意志に基づき行動をとることに必要となるものが，"平等"の概念である．苅谷剛彦は日本とアメリカの平等に関する変化を社会学の立場から研究し，日本は集団のハーモニーを重視し日本全体を1つのグループとしてとらえる傾向が強く，結果の平等を強調するが，これが個別的な能力や経験などの違いを無視することになり個の自立を妨げるように働くことを指摘している．"平等"は，2人以上の人々が同じレベルであること，同じケアを受けることと考えられるが，クライエントとヘルスケア・ワーカーの2者間での関係は，"対等"の概念もコミュニケーションにおいては同時に考える必要があると思われる．対等は，2者の間で優劣や上下などの差がない状態であるが，医療の専門職であるヘルスケア・ワーカーとそのケアを受けるクライエントは，それぞれの専門領域のヘルスケアにおいては，上下関係にもなりやすい．この平等と対応の2つのあり方やかかわり方を，クライエントの自己決定に基づく最適なケアにおいて，1人ひとりのヘルスケア・ワーカーが考えることが必要と思われる．

　また，クライエントの自己決定を尊重することにおいては，自律（autonomy）と自立（independence）の違いを明確にする必要もある．自律はその人の内的な意志・意思（will）に基づくもので，他者にコントロールされたものではない．そのため，反対語は他律的な状態（heteronomy）になる．一方，自立は他者に依存しない対人関係で体験されるものであり，反対語は依存（dependence）となり，自立が過剰になると，他者との関係を絶ち分離（dissociation）や孤立化（isolation）が生じる可能性をもっている（Butzel & Ryan, 1997）．

2. 安心感と安全感

　安心感に似た状態に"安全感（a sense of safety）"があるが，安全感は"安らかで危険がなく，傷つくことのない状態"（広辞苑，1998）で抱く感情である．「安全なガス器具」，「安全な医療機器」，「副作用のない安全な薬」などの表現が示すように，警戒心をほとんど抱くことのない状態であり，"安全な関係"も，相手が自分のニーズや願望，希望などを理解してもらえなかったり，裏切られるなどの不安や疑問などを抱く可能性がほとんどない関係の中で抱く感情である．戦争やテロリストなどの人的災害や地震などの自然災害，あるいは失業のない経済的安定性の確保された状態もその1つといえる．

　"安心感"も"安全感"もともに対人関係のなかで体験するものではあるが，違いは前者が"安心感"か"安心感の喪失"という1つの現象が満たされているか否かという点でとらえられ，一方"安全感"は"安全"か"危険"かという対極の1つとしてとらえることができ，連続線上で割合としてとらえることも可能であり，物質的なものに用いられやすい傾向をもつ．

　乳幼児と母親の関係のなかで乳幼児の"安心感"が満たされることは，脳をはじめとするからだの発達からパーソナリティの発達など身体的・心理的・社会的側面での発達にとって必要不可欠なことである．これは対象関係論（object relations theory）派のWilfred R. Bion（1994）の概念を用いると，容器（コンテイナー：container）と内容・中身（コンテインされるもの：contained）との関係から理解することができる．乳幼児の手に余る怒りや恐怖感，興奮などを養育者（コンテイナー）に投射（project）し，それを乳幼児が対処可能な状態に養育者が変容させ（transform），乳幼児に戻すことを繰り返すことで，乳幼児はこの変容し

たものを内面化（internalize）し統合化（integrate）してパーソナリティが発達していく．これは，Donald W.Winnicott（1965）の養育者の包み込み（maternal containment）やホールディング（holding）の概念と類似している．しかしBionの概念は，コンテイナーの思考プロセスに焦点を当て，傷ついたりダメージを受けることなく投射されたものを変容していく機能であるのに対し，Winnicottは母子間の心理面のみならず，抱かれたり頬ずりされたり，おしりをきれいにしてもらったり，タッチングされる身体面での関係を含めた共感的心理・身体的体験（psycho-somatic experiences）を通して，乳幼児が自己コントロール感覚を獲得していく2者関係に焦点を向けている（Scharff & Scharff，1991）．このプロセスのなかで，乳幼児は最初は裏切られたり無視されたり，排除されるような不安や危機感を体験しない状態から，脳の発達とともに養育者の不完全さを体験しながら成長していく．包み込むことは，必ずしもすべての状態において求められることではないが，精神障害の急性期や不安の著しく強い状態，あるいは多大なショックを受けた場合のみならず，身体的に自己防衛できない状態，たとえば白血球の著しい低下状態や大量な出血状態などでも，入院という環境のもとで物的にも人的にも包み込まれた状態（protectively contained condition）が一時的に必要となるととらえることができる．

注）Bionは包み込まれるものと包み込む容器（contained-container）の関係を，独自の概念で理論化している．痛みや寒さ，空腹感などの不快感を体験したときに，養育者は「痛かったのね」や「お腹が空いたのね」のように言葉を添えながら不快な状態を取り除いてくれる．養育者には，子どもの発するサインやメッセージから夢想（reverie）する能力が必要であり，コンテイナーとして子どもの不快感を受け止め，子どもが受け止められる状態にして子どもに戻すことが求められる．同様の役割がヘルスケア・ワーカーにも求められる場合がある．

3．医療場面における安心感と信頼感

"信頼感"は不信感の対極に位置し，Erik Erikson（1963）の8つの自我の発達段階の最初の課題である"基本的信頼感"対"基本的不信感"について，乳児が体験を通して学んでいくように，相手を信頼することには裏切りを受けるかもしれないリスクのあることを学びながら成長する．他者との関係のなかで，"与えられるものを得ること，そして自分がして欲しいと願うことを自分のために誰かにしてもらうことを通して，乳児は同時に将来自分が与える者になるために必要な適応の基盤を培う"（Erikson & Erikson，1997，p.41）．このような関係において，基本的信頼は自己の成長と拡大を促進する．一方，基本的不信は成長を大きく妨げる要素になる場合と，自分を適切に守ることになったり，下記のような人生の課題を与えてくれる場合とがある．

Erikson & Erikson（1997）が，老いていくことを，他者ではなく自分自身に対する基本的不信状態に直面する点を指摘しているように，病気になったときも同じように思われる．自分の能力や健康状態への信頼感が揺らぎ，絶望感を抱きやすい状態に陥りやすい．このような状態に必要となることが，乳児期のような信頼できる対象との安心した関係である．希望をもち続けにくい状態であっても，入院という時間のなかで一時的に絶対的に裏切られず，自分のニーズや思いを受け入れてもらえ，自分自身で対応が難しく圧倒されるような不安や恐れを相手にぶつけても（意識的あるいは無意識的に），それを受け入れ共有してくれたり，処理しやすい形にして戻してくれるような"安心感のある"関係が必要になる．これには，クライエントの自己決定権を尊重しながら信頼関係を確立することが不可欠である．

　信頼関係やラポールを築くことの重要性は多くの医療領域で強調され，コミュニケーションにおいてのみならず，すべてのケアを通して必要なものである．100％により近い安全性のある検査や治療，ケアの提供により保護された安心感のある状態と同時に，ヘルスケア・ワーカーに対する"信頼感"が必要となる．インフォームド・コンセントが一般化しているが，インフォームド・コンセントには責任が伴い，万が一危険な状態が生じてもその責任は自分自身がとることを，これまで"安心感"のなかで対人関係を営んできた日本人が実感として受容するまでには平坦な道のりではなく，前述の"平等"や"対等"を的確に理解して関係を営む必要がある．たとえば，日常生活のなかでは，そのとき相手が何を欲しているかを"察し"それを相手に確認するまでもなく行動するのが，社会的に適切な行為とされてきた．カウンセリングや心理療法の研修中や医療系の学生が実習などで担当クライエントから特定の個別的な情報を得ることを目的としてコミュニケーションをもつ場面がある．そこで生じやすいことに，全く関係のない事柄，たとえば天気のことやゲームのことなどから話し始め"聞き出そう"とすることがある．しかしはたしてクライエントは学生の求める個別的な情報を話してくれるだろうか．このような方法が間違っているのではないが，医療サービスの受け手と提供者の間が契約関係で営まれているとすれば，当然クライエントに対し情報収集の目的を伝え，話すか否かの同意をとり，そして聴かせてもらうという手続きが必要となり，そのうえでクライエントの自己決定権に基づき行われる必要がある．話したくないクライエントに対しては，関係の質を深めるなか，どうして必要であるのかをクライエントに説明し，話したくない理由を把握したりしながら，クライエントの自己決定権を尊重し同意を得てから聴かせてもらうという経過でコミュニケーションが営まれることになる．

　加えて，我が国での医療訴訟は増加傾向を示し，1970年の年間102件（児玉安司，2000）から1998年に600件，2003年には1,000件近く新しい訴訟が報告され（最高裁判所事務総局民事局，2005），約35年間で10倍以上になっている．その後はいくぶん減少して，2009年には733件とピーク時の2/3となっている．さらにアメリカの医療事故に伴う死亡数に基づく我が国の医療事故関係死亡推定数に関する医療調査会委員長森功の新聞記事を引用し，保阪正康（2001）は1998年時点で年間28,000～46,000人で，年間死亡者数の5％近い割合の可能性を指摘している．医療訴訟が生じるか否かには，クライエントや家族とヘルスケア・ワーカーとの関係性が強く影響している．安全，信頼，そして安心感のある医療の提供が基本であり，より高度化し複雑化する医療の発展のなかで，クライエントや家族とヘルスケア・ワーカーの間のコミュニケーションの質の高さが今まで以上に求められるであろう．

II. カウンセリング・マインド
counseling mind

　　カウンセリング・マインドとは，クライエントとのコミュニケーションを営むなかで何か特別なものととらえられるかもしれないが，"クライエントと向き合うなかで，自分の抱く感情や思考をありのままに認める行動と態度"のことである．通常は，関係を営み情報交換や交流を行うなかで，様々な感情や思いを抱いている．次に何を話そうかと考えていたり，相手の話す内容で気にかかったことについて考えていたり，あるいは緊張して「どうしよう」と思っている．しかしカウンセリング・マインドは，自分自身が体験しているものをありのままに受け入れることであり，これが対象であるクライエントをあるがままに理解し受け入れることにつながる．これは，その人が生活する環境の中で自分自身の"こころ"に直面したり再認識することをサポートすることがカウンセリングやサイコセラピーの目的の1つであるが，サポートする側も自分自身の"こころ"に直面していくことが求められるともいえる（諸富祥彦，2001）．これは人を対象とする職業を"感情労働（emotional labour）"（Hochschild, 1983）とよび，関係の中でケアの要素も含まれる仕事すべてに共通して必要となるものといえる．

　"あるがままを受けとめること"は，「よい・悪い」，「正しい・間違っている」，「好き・嫌い」などの判断をせずに，自分自身および他者のあるがままの状態を受容することであるが，実際にはなかなか理解しにくく，容易に獲得できる態度ではない．スーパービジョンを受けながらのトレーニングが必要である．"よい"とは，「好ましい結果をもたらす様子」や「優れている状態」，"悪い"とは「好ましくない結果をもたらす様子や状態」，「標準より劣っている」，それに対して"効果的"は「目的どおりの効果がある様子」，"適切"は「その場や状況によく当てはまっている様子」（金田一京介，1972）と定義されている．自分の価値観で相手の言動を評価し，対象の価値観や生きかた，考えかたなどを判断するのではなく，相手を受け入れることである．一定の基準のもとに"よい/悪い"，"正しい/間違っている"という評価をしがちであるが，心理面の理解とアプローチにおいては，1場面ごとに異なる"そのとき，その状態"でクライエントの反応から効果的あるいは適切であったか否かという柔軟性のある判断と対応が求められる．決して○×でとらえられるものではない．

　クライエントをあるがままに受け止めることを，Carl R. Rogers（1966）は"可能な限りにおいてクライエントの'内部的照合枠（the internal frame of reference）'を身につけること"（p.37）としている．クライエントの価値体系や体験に添い，決して同じ体験をすることのできない限界を踏まえつつ，クライエントの体験していることを知覚することである．聴き手の価値観や意見，考えを通してクライエントを判断したり，変えようとするのは外部的照合枠（the external frame of reference）にクライエントを合わせようとすることになる．不登校の子どもたちに働きかけるときに，「学校に登校することはいいこと・登校すべきであること」といった

内部的照合枠　　　　　　　外部的照合枠

聴き手の体験
価値観
好み
常識
外的要因

外部的照合枠で行われる場合がある．この働きかけの前に，学校に行かない様々な理由を理解し，子どもたちの内部的照合枠に可能な限り添っていくことが求められる．外部的照合枠の中の自分の体験と比較してクライエントを理解しようとすることは決して少なくない．どうしていいのかわからなかったり，クライエントを理解しようという思いで行われるものであっても，これはクライエントの内部的照合枠に添ったものではない．p.6のBionの理論で，養育者が「痛かったね」，「お腹が空いたのね」と乳児に対応しているときは，乳児のそのときの状態にだけ焦点が向けられており，養育者は自分の体験と比較してはいないであろう．加えて比較していると，ヘルスケア・ワーカー自身の満たされなかったことをクライエントに投射し，クライエントにはもっと幸せになって欲しいと願い，それが可能になる働きかけができるようなヘルスケア・ワーカーの万能感（omnipotence）に陥ることにもなりやすい．しかし"わかる"ためには，比較が必要になる（Kelly, 1955）．

　このような複雑さをもつ対人関係のなかで心理的援助が行われ，クライエントの内部的照合枠に添うことが基本的態度であるため，習得が困難なものであり，生きて変化をし続ける存在であるからには，一生を通じての課題となるものでもあろう．

　しかし，対象を対象の内部的照合枠に合わせ理解し受け入れることだけでは不十分であり，その理解し受け入れたことを相手に伝える相互性（mutuality）が必要不可欠である（表Ⅱ-1参照）．これらは，クライエントが表現したものから感情や思考，価値観などを判断するデコーディング（解読：decoding）と判断したことに対し抱く感情や思考などを様々な方法で表現するエンコーディング（記号化：encoding）の2つになる（掘毛一也，1991）．しかし，表Ⅱ-1の1から5はすべての場面に共通するが，6と7は関係が築かれていく中で行われるもので，たとえば初回や話し手が一方的に話す状態では，聴き手の感情や思考を伝えたり，相互性の高い行動が必ずしも適切ではない場合のあることを理解しておくことが必要である．

　また，"あるがままを受け入れること"は「対象の言うがままに従うこと」ととらえられる場合があるが，この2つは大きく異なる．対象の言動が理解できなかったり，矛盾を抱く場合には，それらを明らかにしていく必要がある．それをしないで，対象の言うがままに従ってしまうことは，"ありのままに"受け入れることとは異なり，相手に巻き込まれた状態に陥りやす

■ 表Ⅱ-1 カウンセリング・マインド（counseling mind）

態度

行動

1. 対象と向き合うなかで，自分の抱く感情や思考をありのままに認める
2. 対象の体験していることをありのままに理解し受け入れる

1. 対象との関係において，偽りのない関係を営む
2. 聴くことに集中する
3. 自分自身および対象のもつ自己成長する力を信じる
4. 対象の感情や思考を対象の内部的照合枠で理解する
5. 理解し受け入れたことを対象に伝える
6. 自分の抱く感情や思考などをありのまま認め，それを伝える
7. 相互性（mutuality）で営まれる

い．従わないと，自分にとって不利になったり，相手に嫌われたり拒絶されるのではないか，愚かと思われるのではないかといった不安や，どうしていいのかわからないので従っている場合も少なくなく，これらは"ありのままを受け入れる"状態ではなく，かつ視点が対象であるクライエントにも十分に向けられておらず，ヘルスケア・ワーカー自身に向けられた状態であることが多いであろう．

"あるがままの状態を受け入れ合う関係"は，家庭，職場，友人関係，地域社会など，人と人がコミュニケーションを営む場があれば，必ず求められる．対象への思いやりや話を聴くこと，一方的に自分の意見や思いを伝えるだけでなく仲裁や調停をすること，相手の感情を理解しそれを相手に伝えることなどで表現される．これはクライエントや家族を対象とした医療領域だけでなく，スタッフ間の関係においても，また日常生活のなかでも求められるものである．

図Ⅱ-1にエクササイズの例をあげてある．最初の「相手の話を聴いてみる①」は，コミュニ

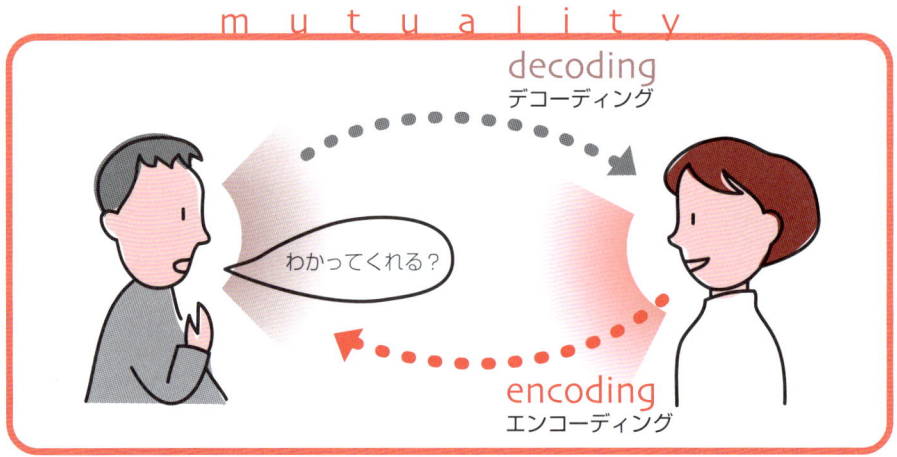

ケーションにおいて，人は相手の話を聴いて"反応したくなる存在"であることを実感する体験である．話し手の発言内容であるバーバル行動と身振りや口調などのノンバーバル行動を話し手と全く同じように反応することで，沸き上がってくる思いや感情を体験できる．精神分析の1学派である対象関係論をつくり上げたMelanie Klein（1948）が"人は生得的に対象とのふれあいを求めるもの"と指摘しているように，話し手に反応したくなるはずである．もしこのエクササイズで欲求不満を感じない場合には，対人関係にかなりの障害をもっている可能性も考えられ，専門的治療を受ける必要があるかもしれない．

　2つめのエクササイズでは，自然に話し手に反応してみて，最初のエクササイズとの違いを体験する．これにより，相手にバーバル（言語的）レベルでもノンバーバル（非言語的）レベルでも反応するという習性をもっており，それを基本にして相手に対応していることを認識できる．これらから，生まれながらにかつ成長の中で学んできた自分のもつ相手に反応する能力を十分に活かしきれていない現在の状態を認識することが第1歩かもしれない．特別なことではなく，自分自身がもっているにもかかわらず，十分に活用していないだけであることの認識である．

　3つめのエクササイズは，自分自身のことを話すことと相手のことを知ることの2つを体験するものである．相手をあるがままに受け入れたり，聴くこと，自己表現すること，話すことを

■ 図Ⅱ-1　カウンセリング・マインド・エクササイズ

1　相手の話を聴いてみる①

1）話し手役と聴き手役を決める

2）2人ずつペアになり，180度以外（横並びにならない）に座る

3）どのような話題でも構わないので，話し手は話す

4）聴き手は，話し手が話したそのままの内容・口調・身ぶりを繰り返す

5）2〜3分間これを続ける
6）役割を交代して，同じように行ってみる
7）感想を話し合う

2　相手の話を聴いてみる②

1) 1と同様に行うが，今回は自由に話し手に反応する
2) 1との違いを話し合う

3　相手を理解する

1) なるべく知らない人とペアになり，座る位置は180度以外（横並びにならない）の位置関係にする

2) 相手のことを理解するために，「○○さんのことを教えてください」と聴き手が質問をする．このとき，守秘義務のあることを伝える場合もある

3) 聴き手は聴くことに集中するが，質問できることは，「○○さんのことを教えてください」だけであるが，話し手が話しやすいように，うなずいたり相づちなどのノンバーバル行動は用いる

4) 話し手は5〜10分程度話す
5) 役割を交代し，同じように行う
6) 感想を話し合う

これを録音やビデオに撮り，逐語録を作成し自分自身のコミュニケーション・スタイルを見直してみる

> 注）話し手と聴き手の2人で行うこともできるが，もう1人「オブザーバー」を加え3人で行うこともある．話し手と聴き手は会話に集中しているため，こうすることで，①話し手と②聴き手，ならびに③両者間のやりとりを客観的に観察してもらい，会話終了後に話し手と聴き手が話し合った後で，オブザーバーが①〜③についてその場でフィードバックを提供することができる．

通したカタルシス（自己浄化）を体験したり，自分自身のコミュニケーション・パターンの認識が得られる．1つの目的だけにするか，複数の目的を同時に行うかは，そのときの状況により異なる．加えて，コミュニケーションは意図的であろうとなかろうと，言葉やしぐさなどでのメッセージの"伝達"と"自己表現"の2つの役割をもち，一方が前面に出るともう一方は背後に退くという拮抗関係をもつ（長井真理，1991）ことを，このエクササイズで自分が話し手になったときに自分の傾向の理解として観察することも可能である．

このようなエクササイズを通しながら，カウンセリング・マインドを体験学習するのが，心理面へのアプローチの1つである．

注）逐語録（word-for-word record）とプロセス・レコード（process recording）
　自分自身やコミュニケーション傾向を見つめるときに，逐語録やプロセス・レコードが用いられる場合がある．両者ともに書くことによる自己成長（self growth）の方法であり，より効果的にクライエントとの関わりがもてるようにすることを目的として用いられる（Gelazis & Coombe-Moore, 1993）．逐語録はその場での言語的やりとりを記録していくもので，プロセス・レコードは言語的やりとりのみならず，ノンバーバル行動，思考，感情などを含んでおり，それぞれのやりとりとその場全体を通した分析を行う．

〈逐語録〉それぞれの発言内容のみを記載．

	発言内容
Cl_1	練習したって動かないよ．
HCW_1	PTに言っても麻痺した手が思うように動かないし，練習したくないんですね．
⋮	⋮

〈プロセス・レコード〉発言だけでなく，非言語的情報や思考や感情，ときにはより効果的な対応の仕方を含めて記録する．

　場面：○月○日9：45．入眠困難のあった翌朝で，PTのために病室からPT室へ移動中．

Cl	HCW	HCWの体験	評価や考えられるより効果的な対応など
1．練習したって動かないよ．	1．PTに言っても麻痺した手が思うように動かないし，練習したくないんですね．	練習行きたくないのかな，変に励ましちゃいけないしどうしようと不安．	Clは練習したくないということよりも，希望のなさや絶望感を表現していた可能性がある．
⋮	⋮	⋮	⋮

1. カウンセリングやサイコセラピー（心理療法・精神療法：psychotherapy）とは

　カウンセリングやサイコセラピーは，"こころ"の問題や悩みをもつ人を対象に行う専門的な心理的援助で，個人の成長や対人関係の改善，社会や状況への適応を促すことを目的とし，クライエントと治療者との関係のなかで，クライエントが自分の問題を解決したり，行動を変容したり，パーソナリティの成長や自己実現を行っていく（野末聖香，2001）．こころの傷が癒えることは，人格的により大きく成長することでもある．カウンセリングやサイコセラピーの基本の1つで最も重要なものであり，自分自身ならびにクライエントをありのままに受け入れる態度と行動であるカウンセリング・マインドを他の領域で応用するために，ここでカウンセリングやサイコセラピーとヘルスケアの違いをみてみよう．
　表Ⅱ-2にカウンセリングやサイコセラピーとそれ以外の感情労働を職業とする専門家によるコミュニケーションとの違いを6点あげてある．まず1つめとして前提があげられる．前提となるものは，それぞれのヘルスケア・ワーカーの専門職の特殊性により異なるが，カウンセラーやサイコセラピストは心理面での専門家として，それ以外の専門職では，看護師

■ 表Ⅱ-2　カウンセリングやサイコセラピーとそれ以外の感情労働専門職によるコミュニケーションの違い

	カウンセリング，サイコセラピー	感情労働専門職
前提	心理面を中心としたものへの援助	クライエントと治療者との関係性のなかで，心理的問題への援助という前提はない
クライエントの求めるもの	心理面での課題解決	心理面での問題解決だけではない 生活場面の援助や機能回復などそれぞれの専門性に応じたもの
場面の設定	日常生活と切り離した場所や時間一定の時間，特定の場所で行うこのような設定をする場合としない場合がある	日常生活と切り離した状態で行われるわけではない
終結	原則として，前もって十分に話し合われた後で行われる	どの場でも，いつでも行う 関係のなかでの終結ではなく外的要因（退院や転院，状態の急変など）により，あるいは突然行われる場合もある
身体的接触	原則として，身体的接触はない 接触する場合には，クライエントにとっての意味や治療的な意味や目的などを考慮して行うことが必要である	身体的接触は援助行為の大きな位置を占めるものであり，プライバシーの侵害にならないように注意しながら行う
関係性の特殊性	原則として，クライエントとセラピストの関係以外（dual relationship）は営まれず，一時的でも他の人に交代することは行われない	他の人に交代することは可能である場合が多く，クライエントが希望すれば担当者あるいは担当者以外の人から援助を受けることが可能である

はクライエントの健康障害による様々な消耗を最小限にし，より健康的な生活への援助を（薄井担子，1997），医師は医学の専門家として検査や治療，診断の決定を，理学療法士はけがや麻痺による運動機能の回復や障害の改善・予防を，作業療法士は個々の障害の状況に合わせた機能訓練や創造的な作業を通して日常生活動作や社会適応能力の回復を図り，ソーシャルワーカーは社会生活を送るうえでの困難や問題に対し，援助プログラムの計画立案や関連機関との連絡調整を行うことがその一例であり，各専門領域でクライエントや家族への援助が行われる．それぞれに必要となる知識，たとえば医師であれば解剖学や生理学，遺伝子学などの基礎的専門知識はもとより，次々に新しく開発される検査法や治療法などについて，看護師であれば解剖学，生理学，栄養学，薬理学，病理学などの知識をベースとして，専門的な看護学の習得がなされるどの領域であっても，すべて人を対象としてコミュニケーションを介して行われる．

　2つめとして，クライエントの求めるものがあげられる．カウンセリングやサイコセラピーでは心理面での課題や問題解決を対象としているが，他の専門職では心理的なサポートや問題解決だけでなく，それぞれの専門領域での援助の提供がなされることを期待して関係が営まれている．

　3つめに場面設定，4つめに終結があげられるが，場面設定は，治療構造（p.85参照）の外

的要素の1つで，カウンセリングやサイコセラピーでは，ゆるぎなく安定して変わりない関係がクライエントだけのために日常生活とは切り離して設定される．クライエントのためにだけセラピストの存在と時間，場所が確保されている．この状態のキーワードには，コンシスタントで高い信頼性があり，かつ温かくゆるぎない境界（boundary）などがあげられ（Margison, 1991），これは6つめの関係性の特殊性と深い関係をもつ．原則的には，カウンセリングやサイコセラピーは毎週1回〜数回あるいは2週間おきに行われ，終結する場合にも，十分な話し合いの後で行われる．具体的には，同じ時間に，同じ環境の同じ場所で，途中で電話が入り会話が中断したり開始時間が遅れたりすることはない．しかし，これには必ず柔軟性が伴うことを忘れてははならないだろう．時にはこのような外的治療構造を設定せずに行う治療構造もある．設定しないという治療構造である．一方，ヘルスケア・ワーカーは場所や時間などを特定せずに，どの場でもいつでも求められ，クライエントの生活の場で行われる特殊性をもち，外的な要因も加わり突然終了する場合もある．しかし近年，リエゾン・コンサルテーション精神保健活動で精神科医やサイコロジストにより，ベッドサイドという文字通りクライエントの生活の場で介入が行われたりする場合もある．

　5つめとして身体的接触があげられるが，カウンセリングやサイコセラピーにおいては，原則として身体的接触はない．接触する場合にも，その目的，クライエントにとっての意味などを考慮し，治療的な視点から実施される．一方，他のヘルスケア・ワーカーの場合には，身体的接触が援助行為のなかで大きな位置を占める場合が多く，プライバシーの侵害への配慮をしながら実施される．しかし，身体的接触があれば，カウンセリングやサイコセラピーが行われないということではない．タッチング研究所を創設したTiffany M. Field（1998）はサイコセラピーにマッサージ効果を取り入れ，成長の増進や疼痛緩和，人間同士のコンタクトの回復などを目的に行われている（p.77参照）．しかし，カウンセリングやサイコセラピーでは，原則として身体的接触を通して行われず，言語的あるいは身体的接触以外の非言語的なかかわりを通して行われる．

　最後の6つめは関係性の特殊性である．クライエントとセラピストの治療関係以外の関係（dual relationship，たとえば生徒と教師の関係や部下と上司，同僚同士など）を営むことは原則としてはない．サイコセラピー以外の関係があると，「こんなことを言うと成績に影響があるのではないか」，「評価に影響がおよぶのではないか」などの思いを抱き，オープンに話しにくい状態が生じる可能性が高くなる．ありのままのクライエントの状態になりにくく，セラピストもサイコセラピーを営みにくい要素が入り込む場合もあるからである．加えて，たとえばクライエントが「今，会いたい」，「話したい」とアポイントメント以外の時間のセッションを希望しても，セラピストのスケジュールが合わないからといって他のセラピストがセラピーを代行することもなく，仮にセラピストの時間があったとしてもクライエントの希望に添うか否かは，セラピストの判断により異なる．セラピストが何らかの理由で長期間セラピーを実施できない場合には，話し合いをもった後で，クライエントがセラピストを代えるか，担当セラピストが戻るまで待つか，あるいは中断か終結（p.111参照）になる．

　これら6つの点は，チーム医療において専門職種間の類似点や相違点を理解することは，協働（coordination）の促進において，またより効果的なコミュニケーション・スキルの習得においても基礎の1つとなる．

2. 技術と技能

　スキルの習得にはトレーニングを要するが，専門家として成長するためには，言葉で説明を受け上達していく"技術"と専門家としてのカンなどをはじめとする言葉で伝え切れないものがある．川島みどり（2001）はこれらを技術と技能の2つに区別し，専門家としての成長においては両者ともに必要になることを指摘している．技術は言語的に表現でき，知識の蓄積となるもので，一方技能は言語的に伝達できにくいもので，非言語的な個人の技であるが，トレーニングを積み重ねるなかで習得可能なもので，経験が必要となり，人を対象にした感情労働の専門家にアートの側面が求められる点ともいえる．本書は両者ともに高めることを願って言葉で伝えることを試みている．

　専門教育のなかで学生が学ぶことの多くは，前者の"技術"である．しかし講義や実習などを通し，技術を習得していくことに加え，先輩のしていることの観察や会話や指導などのなかから学んでいくことが"技能"ととらえることもできる．外科医が手術の技法を学んでいくときにも，看護師が採血や注射の方法を学んでいくときにも，理学療法士が1人ひとりのクライエントの障害とライフスタイルに応じたリハビリテーションの方法を学んでいくときにも，そして対人関係のなかでの様々なやりとりを習得し高めていくときにも，この2つを統合して実施していくことが求められる．

　さらに，スキル習得に加え，人を対象とする専門家としての対象に対する態度の確立において陥りやすい点に，「相手を受容する」，「相手に共感的に対応し，理解する」ということばかりが強調されてしまうことがあげられる．クライエントの内部的照合枠に可能な限り合わせ理解を深める態度は，基本的なものであり，かつ習得の難しいものの1つでもあるが，クライエントを受容できなかったり，共感的な対応ができにくい場合を含めて学んでおく必要もある．これを前田重治（1988）が，精神科医としての自らの経験から「うでを上げる」ことを，「クライエントがよくみえるようになること」であり，「セラピスト自身が自分の行っていることがよくみえるようになること」であると述べているように，効果的対応ができにくいことを防衛的にならずに見つめることが求められる．次章では，心理面へのアプローチにおいて主要な概念であり，頻回に強調されるものではあるが，言葉として伝えにくい共感について焦点を当てて考えてみたい．

III. 共感
empathy

1. 対人関係と共感

　人は対象（これには建物や物体，場所などの目に見えるものから社会的地位や雰囲気，イメージなどの目に見えないものまでを含む）との関係のなかで，互いにわかり合うために様々なレベルでの情報交換を行っている．情報の交換には，事実の交換から感情の交換まで様々なものが含まれるが，そのなかで"わかり合う"ことは，情報の知的理解に加え，感情の理解が必要となる．これは，親子関係，職場の人間関係，あるいはサービスの提供者と受け手との間，仲間同士においても人と人との間には必要となる．しかし，知的なものと感情的なものを異なる対極として位置づけるのではなく，感情は知的システムの1つであり，問題解決などの他者との関係や状況のなかで適応するために進化しているものであると金沢 創（2002）が指摘しているように，感情と思考を対極のものとしてとらえるのではなく，共感は知的理解なしには成り立たないことを理解しておく必要がある．特に，ヘルスケア・ワーカーは，クライエントの個別的でプライベートな話題から，生死にかかわること，性的なことまでの幅広くかつ内面までの理解と働きかけが必要となり（藤崎和彦，1996），コミュニケーションを円滑かつ効果的に営み，クライエントを"わかり"，そのクライエントに応じたケアや働きかけなどが求められるため，これらの知識および技術と技能を高める必要性がある．

　ここでは，"わかる"ではなく，"わかり合う"という表現を用いているが，ヘルスケア・ワーカーがわかっていても，それをクライエント自身がわかってもらえたと体験しなければ"わかり合えた"状態ではない．この対人関係における"わかり合う"のなかでも，"共感"の概念は理解が難しいものである．"共感"の概念の歴史をみると，Lippsのドイツ語の日本語訳が"感情移入"と訳され，その英語である"empathy"が"共感"と訳されたことや，他の用語にも共通した語源でもあることが，理解の難しさの一要因と指摘する研究者もいる（春木 豊・岩下豊彦，1975）．Davis（1994）は，共感という言葉の理解の難しさの要因を大きく2つとり上げている．1つは，認知的理解と感情的反応という2つの現象を明確化せずにきたことであり，もう1つは共感の生じる過程と結果を区別せずに共感を用いてきたことを指摘している．最初の点のたとえとして，他者が痛がっているのに対し，そのメッセージの受け手が喜ぶ場合があるとすれば，これも感情を共有していることになると指摘している（これを対照的共感とStotlandらは呼んでいる）．加えて，感情を含まない事実のみを送り手が表出した場合は，"理解"が必要となると指摘している．李 敏子（1999）は，精神分析の立場から，共感は対象の抱く喜びを喜びとして，悲しみを悲しみとしてそのまま感じるとい

う単純なものではなく，対象との意識的かつ無意識的交流，クライエントの病理，サイコセラピーの進み方，聴き手の無意識傾向などが複雑に絡み合うプロセスであり，決して意識された現象としてのみ現れるものではないと述べている．これは，聴き手の価値観や思考や感情などの認知システムを基準に聴くのではなく，クライエントの認知システムをわかることで，この場合には聴き手は中立性を保ちつつ，しかし聴き手自身の無意識状態も何らかの関与をしており，そのために共感は容易に獲得できるものではないといえる．これを「きくこと」から考えてみると，"聞く（hear）"は言われたことを音として受け止めることで，"聴く（listen）"は言語的あるいは非言語的に表現されたことを理解しようとする自発的な努力を要し，能動的な行動であり，これには忍耐も必要となる（Wright, 1996）．

対人関係においてコミュニケーションは常に生じるものだが，その定義をもう一度見直してみよう．Samovarら（1981）はコミュニケーションを対人関係で意識的あるいは意図しないで何らかのメッセージを伝える"プロセス"であり，"相互性をもち，進行的であり，行動や思考，態度などに何らかの影響を引き起こすプロセス"（p.17）と定義している．これにはバーバル・コミュニケーションだけでなく，ノンバーバル・コミュニケーションも多く（Vargas, 1986），複雑かつ力動的プロセスであり，かつ全身的行為（鷲田清一, 1999）であり，生きていくため，そして社会的営みを継続するために不可欠なものである．

このプロセスを"コミュニケーション・スキル"としてとらえると，大きく3つに分けることができる．①クライエントの体験していることや伝えたいことをいかにオープンに話してもらえるかということ，②それをいかに的確にキャッチするかということ，③そしてキャッチしたことをどのようにクライエントに伝えるかということである．

人は言語的あるいは非言語的に何らかのコミュニケーションを行っているが，自分のしていることや伝えたいことを直接的に表現しているだろうか，また常にこのようなことを交換し合うことが可能であるのか，そしてそれは効果的かつ円滑なコミュニケーションであろうか？

1) 体験していることや伝えたいことは常に意識化した明確なものではない

　日常生活のなかで体験していることや伝えたいことだけでコミュニケーションを営むことは非常に難しいことだろう．というのも，まず本人自身がこれらが何であるのかわかっていない場合や受け入れたくない場合も決して少なくないからである．「あれ，あのとき一体何を言いたかったんだっけ？」と思い返すときもあるだろう．日常生活では，常に自分自身の伝えたいことを意識し，それを相手に伝えていこうと意識して行われているわけではない．これを行おうとすれば心理的なエネルギーを常にそこに向けていなくてはならず，非常に疲れる状態になる．また，「この人にこれを言っても大丈夫かな？」といちいち意識して行うわけでもない．しかし，意識しなくても，このような判断を行いながら交流している．この判断を行わずに誰にでも言ってしまうと，対人関係で大きな問題を引き起こすことになる．思いきって話してみたが，「そんなこと気にしなくていいよ，大丈夫」と対応され，わかってもらえなかったと体験する場合がある．これは相手が通常はわかってくれようとする人であったが，ちょうどそのときは何か別のことに対応しなければならなかった状態であったのかもしれないし，あるいは話し手の判断が不適切であったのかもしれない．しかし，話し手が可能な限りこのような体験にならないようにするためには，余裕をもちそのときどきに応じて柔軟に対応できる状態に自分を整えておくことが必要である．

2) 体験していることや伝えたいことを伝える技術と態度

　また，体験していることや伝えたいことを伝えることは，それをどのように伝えるかで相手に伝わるかどうかや伝わりかたが変わってくる．同じことを口調を荒げて言うのと穏やかに話すことでは，相手の受け止めかたが大きく異なることは，我々が毎日のように体験しているところであろう．コミュニケーション・スキルやアサーティブ・トレーニングなどの研修会で紙面に書かれたやりとりを判断するときの困難性もこの点が含まれる．同じ発言であっても，その前後の流れ，2者間の関係，口調などで伝わりかたは異なってくる．スキルとしての習得は必要なことではあるが，技術としてだけでは十分とはいいがたい．相手との関係をどのように営もうとするのかや相手に対するやさしさの真の意味を考え，1人ひとりのコミュニケーション・スタイルやパーソナリティなども含めた"態度"を見つめることも大切なことである．

3) 体験していることや伝えたいことは1つではないこと，一般的なとらえかたができないこと

　たとえば，スタッフナースが病棟師長あるいは先輩ナースから「〇〇さん，あなたの話しかたはプロのナースとして失格です．もっときちんと話してください」と言われたとしよう．このメッセージの一番伝えたいものは何であろうか．そのときのノンバーバル行動や両者の関係性の質などにも大きく影響を受けるが：

①スタッフナースのことを考えてのことで，「しっかりとプロのナースになってほしい」という願望

②プロとして非常にみっともないと思っていて，上司や同僚としての羞恥心

③今までに何度言っても，変わっていないことからの怒り

④不適切な状態と考え，満足できるようにかえて欲しいが，あくまでクライエントのために必要だという理由

など，いくつもの可能性が考えられる．これらは決して1つの思いや感情だけでなく，複数のものを同時に内包している．そして決して一般的なとらえかたができない．また，伝えることには，事実や情報とそれに伴う感情面での内容が含まれる（木戸幸聖，1983）．上述のやりとりであれば，「プロとして，不適切な話しかた」という事実と，「どうして言うことを聞かないの！」や「一体何度言えばわかるわけ」という怒りや「同僚として恥ずかしい」という羞恥心などの感情が含まれる．これはノンバーバル行動として表されていることが多い．

では，このナースが体験していることや伝えたいことをストレートに表現できていないとすると，それはどうしてであろうか？

4）特に表現の難しい感情や話題

日本文化だけでなく他の文化であっても，コミュニケーションにおいて表出が難しく多くの人々が苦手としていることに，怒りの表現がある．相手を攻撃している状態になりやすく，受け手も攻撃されているように受け止めやすいからである．しかし怒りや攻撃性は，感情を表出することであり，現在の状態を変え，新しいものを作り出したりするポジティブな効果をもつものでもある．ストレートに伝えにくいものには，①怒り，②不満，③喜び（日本人は特に，喜びの表現がうまくないとされる），④性的なこと，⑤金銭や経済的なこと，⑥自殺に関すること，⑦死に関すること，⑧その他，個別的・社会的立場，関係性によって異なる．時には，「そんなことが」と他者にとっては些細でたいしたことのないことでも，人によっては伝えにくい内容があり，個別的違いは決して小さくない．これらの話しにくかったり，自分の体験しているものとして受け入れにくいものへの配慮は必要である．

また，「褒めること」と「褒められること」も日本文化においては難しいものの1つに加わるかもしれない．文化によっては，褒めることで災難が振りかかったり，欲しがっているととらえられる場合のあることも理解しておく必要がある（21世紀研究会，2001）．

5）聴き手に必要な8要素

体験していることや伝えたいことを直接的にでも間接的にでも表現してもらうため，あるいはこれらのやりとりをするには，話し手に聴き手のネガティブな反応や評価を気にかけずにオープンに話してもらうことである．このためには安心感のある信頼関係は不可欠なものであるが，それ以外に，①純粋性（genuineness），②温かさ（warmth），③共感（empathy），④受容（acceptance），⑤成熟（maturity），⑥自己の意識化・気づき（self-awareness），⑦自分自身を用いること（therapeutic use of self）の7点は重要なことである（Rawlins & Heacock，1993）．また，⑧クライエントが自発的に話すことを聴き，それをまとめてクライエントに伝えることも含まれる．このとき，前述したように聴き手の問題や価値観，過去の体験などに基づいた基準である外部的照合枠で反応しないことが必要だが，これには専門的な教育とトレーニングが必要である（Fromm-Reichmann，1950）．たとえば，「相手を傷つけるのではないか」と過剰にクライエントに気をつかった状態では，クライエントの話す内容をクライエントの立場に立った状態で聴くことはできない．また婉曲的，間接的な表現を用

いたやりとりが行われやすくもなる．また，聴き手の態度，感情，欲求，体験，先入観，偏見などに左右されたり，とらわれることなく，クライエントの直接的・間接的に表現する内容の中核を受け入れることは容易なことではない（春木 豊・岩下豊彦，1975）．

　学生の実習中だけでなく，ヘルスケア・ワーカーの専門家になった人でも，「こんなことを聞いては，相手を傷つけるのはないか」と思い，むしろ「自然な会話のなかで，家族関係に関する情報収集をする・病気に対する思いを把握する」という態度をとることが決して少なくない．これはクライエントから「聞き出そう！」とする態度であり，相手に対し失礼な態度であるが，それにすら気づいていない．また「何を話していいのか」，「怒らせたら怖い」，「沈黙になったらどうしよう」，「○○について聞かないといけない」など，何かにとらわれていたり，聴き手自身が不安定な状態であれば，会話に集中することはできない．また，これらの状態の場合，ほとんどはクライエントではなく聴き手自身に焦点が向けられている状態でもある．上記の8要素に共通し最も基本的なことは「相手や会話に集中すること」である．しかしそこに没頭してしまうのではなく，どこかに専門家としての，中立的な部分を常にもち合わせている必要があり，聴く状態のときには"からだ"と"こころ"の状態をベストコンディションにしておく必要がある．

　また，相手を尊重すること，そして相手ならびに自分の"権利"を守りながらコミュニケーションを営むことを十分に理解しておくことが必要である．自尊心の低い人や自信がないと自己評価する人が，「こんなことを言ったら相手を傷つけるのではないか，と思い不安で言えません」と話すときがある．自信がない，自分には力がないというのであれば相手を傷つけることはできないであろう．加えて「傷つくか否か」はクライエントの自由でありその権利をもっている．話しにくい話題への配慮は必要であるが，一方的に相手の反応を決めつけたり，自分を守るために一方的に特定の状態を押しつけてしまうことは，相手を尊重することの対極の状態である．

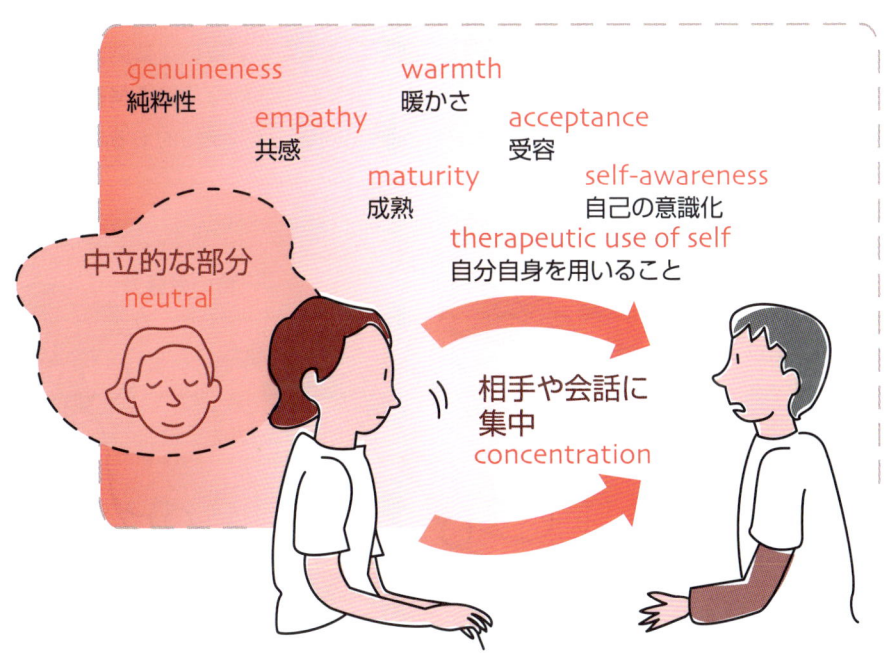

2. 7つの態度

　ここでは，コミュニケーションにおける主要な7つの態度についてみてみたい．クライエントに接するときだけでなく，通常の対人関係のなかでもみられる態度をPorter（1950）の分類を参考にあげてみる．

1）評価的態度（evaluative attitude）

　聴き手の価値基準や社会一般の基準などの外部的照合枠により，よい，正しい，悪い，正しくない，間違っているなどと判断し評価する態度で，これは安易な励ましを含む（Millerら，1979）．たとえば，「何でも話してください．困ったことがあったら相談してください」と伝える一方で，クライエントが思いきって話してくれることに対し，「そんなこと言っちゃだめでしょう．頑張らなくちゃ」と評価してしまう．このように対応してしまうと，クライエントは弱音や苦痛を表出できにくくなってしまう．加えて，評価的態度で対応したヘルスケア・ワーカーは自分の励まし行為に問題意識を抱くことなく，逆に自分の行動を肯定的にとらえてしまう可能性もある．この態度は，クライエント側からのコミュニケーションを遮断してしまう可能性が高い態度といえる．ここで必要となるのが，"負の受容力（negative capacity）"（山中康裕，2002）である．すなわち，クライエントが悩んでいたり，不確かな状態，まとまりのないときなどに，悩まなくていいなどの結論や理由をつけておこうとしがちであるが，クライエント自身がはっきりしていないものははっきりしていない状態のまま，未解決なものは未解決な状態のまま，苦痛は苦痛の状態のままで抱えることができ，これらの状態をクライエントから取り上げてしまおうとしない能力である．取り上げてしまいがちなものをChristopher Bollas（1987）は4つあげている：知的内容，情動体験，精神構造，自己．このなかでもしがちなことに，知的内容や情動体験の取り上げがある．知的内容には考えやアイディア，イメージなどが含まれるが，これらを話したときに「当然ですね」，「もちろん」，「そのとおりですね」，「当然でしょうね」などの反応をして，その状態の先を読んでしまうような状態である．このような対応がクライエントに害になるわけではないが，それ以上のことを語りにくくしてしまう可能性が高くなるかもしれない．情動体験とは，寂しいや悲しい，悔しい，あるいは驚きやショックな状態など主観的な体験を無視したり，励まして否定してしまったりする場合である．春日武彦（2004）は，予防的あるいは早期に援助を

行うことが求められる場合とクライエントの自己決定がなされるまで待つ場合の2つがあり，後者の場合にヘルスケア・ワーカーには"待つ"ことが求められることを指摘している．これも"負の受容力"の1つと位置づけることができる．

2）指示的態度（directive attitude）

　クライエントの問題や苦痛をすぐに改善し，解決する方法をとろうとする態度で，行った方が望ましいことなどを伝え実施を促す．特にヘルスケア・ワーカーは，クライエントから苦痛や問題を訴えられたときに，それを軽減したり取り除くことが仕事の1つでもあるため，どうにかしなければならないと思い対応しようとする．ヘルスケア・ワーカーの役割としては自然なことである．しかし，それができなければクライエントや周囲から評価が否定的なものになるのではないか，拒絶されるのではないか，といった不安から指示的態度になる場合には効果は得られにくいであろう．クライエント自身が正確な知識を得ることで自分の状態を理解し，行動修正が行える準備状態（readiness）が整っている場合には効果的な態度といえる．しかし，心理的な悩みや苦悩はクライエント自身が乗り越えていかねばならず，その準備状態が整っていなければこの態度は効果的とはいえない．また，クライエントの受け身的な態度を高めたり，自己決定権に基づく行動をとりにくくしてしまう可能性を高めてしまう場合もある．

　たとえば，「眠れない」と訴える入院中のクライエントに，不眠時の内服薬を勧める場合には，すぐに内服薬を渡さず，眠れない状態の把握を行ったり，クライエントの訴えを聴く態度で会話をもつことが必要となる場合がある．しかし，このような訴えが毎晩のように続くと，なるべくベッドサイドに滞在する時間を短くしようとしたり，指示的な態度をとりがちになり，そのクライエントを避けるという回避的行動をとりがちになる．ヘルスケア・ワーカー自身もこの態度に違和感を抱きつつ，悪循環に入り込んでしまう．

　また，「食事療法をさせる」，「健康障害に対する思いの表出をさせる」など「クライエントに○○を"させる"」という表現が用いられる場合がある．「させる」ことの主体は誰であろうか．クライエント中心の医療が重要視されるが，ヘルスケア・ワーカー自身が「クライエントにさせる」というスタンスであれば，いつまでもクライエント中心の医療は行われない．本当にクライエントの自主性と主体性，積極性をもとにクライエント中心の医療が提供される場合には，意識しなくても「させる」という表現は用いられないであろう．

注）泣かされるということ

　幼稚園児や小学生低学年の場合に，「泣かされたのね」という表現を用いたり，感動的な映画や本，講演などで「泣かされた」という表現を用いる．成人になっても「泣かされた」や「辞めさせられた」という表現を用いる場合があるのはどうしてであろうか．自分の行動に責任をとれる

ようになる年齢であるが，自分自身の泣く行動や他者の泣く行動，あるいは自分の意思とは異なったり辞めるという状態に「される」を使うのはどういう場合であろう．これは「泣く」や「辞める」という行為が自分の意思に反していたり否定的にとらえられている場合に「される」という表現を用いることで，泣くことに関与した人物を否定することになるのかもしれない．

3）逃避的・回避的態度（escapism・avoidant attitude）

クライエントの発言や予測する結果が望ましいものではないことが考えられる場合や何らかの不安を抱き，聴き手がそうならないようにするために直面するのを避けたり，2人以外の者や第三者をもち込む態度である．聴き手自身が他者に矛先を向けてしまうことで，これは，聴き手自身の不安のために生ずる態度といえ，この点を理解していくことが求められる．たとえば，クライエントが看護師に「これからどうなるのでしょうか？」と尋ねたとき，「それは主治医に聞いてください」と言ったり，クライエントからの申し出を断わらなければならないときに，「これは病院の規則ですから」とか「上司にしかられますから」といった対応があげられる．また「Dさんもそうおっしゃっておられますから」や「みんなもそうしているから」と第三者をもち込みやすくなる．また，ノンバーバル行動で，アイコンタクトを避けたり（p.57参照），ベッドサイドに行くことを避けるようになる場合もこの態度に含まれる．また，テーブル越しに話をすることも，クライエントにとっては2人の間にテーブルがはさまれた状態での会話となり，適度なパーソナル・スペースよりも距離を保ちながらのコミュニケーションとなるために，回避的なものとしてとらえられる場合があるが，攻撃性のあるクライエントの場合には，聴き手の自己防衛のために必要になる場合もある．

4）探索的・調査的態度（probing attitude）

クライエントの感情や思考，情報を得たい，知りたいという態度で，クライエントに問い返すような態度である．これには，いくつもの質問を立て続けに行う場合と，「どうしてそんなふうに考えるのですか？」，「どうしてですか？」といった"なぜ質問（why-questions）"

をすることが含まれ，一般的には，この態度が一番多くみられがちである（春木 豊・岩下豊彦，1975）．"なぜ質問"はクライエントを防衛的にすることもあるため，留意して用いることが求められるが，クライエントを理解するには，ヘルスケア・ワーカーが推測しすぎたり，勝手に思い込んでしまうのではなく，クライエントから様々なことを教えてもらう必要があり，これを効果的に行えるトレーニングは必要である．

　コミュニケーションを言葉のキャッチボールにたとえることがあるが，ヘルスケア・ワーカーが質問しクライエントが答えるのは，キャッチボールとはいってもヘルスケア・ワーカーとクライエントが同じ立場に立ちお互いにボールを投げ合い受け取り合うのではなく，ヘルスケア・ワーカーがピッチャー役，クライエントがキャッチャー役の固定化した状態に陥りやすい．受け身的あるいは依存の強いクライエントの場合には，ヘルスケア・ワーカーが質問してくれることに受け身的に対応するコミュニケーション・パターンに陥りやすい．ヘルスケア・ワーカーは意図するように情報は入手できるかもしれないが，クライエントの受け身的な態度をさらに強める可能性もある．これらはキャッチボールをしている状態とはいいがたい．キャッチボールは，投げられたボールを受け手がどのように受け止めたかを含めて話し手に投げ返すことであり，ボールを受けたまま持ち続けたり，ボールを失ってしまったり，そのままのボールを返すことは決して2人がスムーズにキャッチボールをしている状態とはいいがたい．

注）なぜ質問（why-questions）
後述のバーバル・コミュニケーションのオープン・エンド・クエスチョンにも含まれるが（p.87参照），"なぜ質問"を留意して用いる必要があるのは，なぜ質問は，楽しかったり喜んでいたり，嬉しかったり望ましい結果が得られたときには用いられにくく，規則や約束を破ったり，行う予定になっていたことをしなかったり，客観的にみてあるいは聴き手にとっては望ましくなかったり不適切と思われることをクライエントが行っていたり，望ましい結果が得られなかったりしたときのようにネガティブな状態のときに用いられやすい問いかけであるためである．「どうしてしなかったのか」，「どうしてそんなことをしたのか」という質問者の批判的な感情や考えが含まれやすく，相手を防衛的にする傾向があることを理解しておく必要がある．クライエント自身やクライエントの言動の意味や理由を理解しようとするときには，口調に気をつけながら用いたり，「どのようなことで（how）」，「何があって（what）」などの他の表現で問いかける工夫が求められる．

5）支持的態度（supportive attitude）

　　クライエントの決意や判断，思い，感情などを支持し保証する態度である．この態度は前述の"評価的態度"や"指示的態度"よりもクライエントにとっては安堵感を抱く可能性は高いが，問題を抱え悩んでいるのはクライエント自身であることを忘れてはならない．クライエントの苦痛を取り上げてしまったり，巻き込まれてしまわないようにする必要がある．また，ヘルスケア・ワーカーは友人ではない．いくら親しくても専門家としての客観性や冷静さをもち続ける必要がある．

　　疼痛コントロールが十分になされていない状態のクライエントの訴えに対し，「そうね，痛いですね」と言ったり，リハビリテーションがなかなか思うように進まず効果が十分に得られていない状態のクライエントに「時間がかかっていますね」と対応したり，クライエントは自宅に戻りたいが家族は受け入れてくれない状態で「帰れませんね」と支持的な態度だけではどうなるであろうか．このような対応になる場合には，ヘルスケア・ワーカー自身もこれらの状況への対応が困難な状態で支持的というよりも精一杯の対応である場合もある．このような場面では，前述した"負の受容力"が求められ，クライエントとともに望ましい方向に変化のない状態を共有することが求められ，また支持的態度からクライエント自身がさらに前進し問題解決に進むような働きかけが必要になる．

6）解釈的態度（interpretive attitude）

　　特定の行動やとらえかた，体験のしかたや心理的・精神的力動やメカニズム，生育歴や生活史などの関係で説明し，現在の感情や考え，欲求などをクライエント自身が直面し理解を深めることを促す態度である．これは知的説明だけに陥りやすい場合がある．たとえば，「いくら練習しても全然足も動かないし，もうダメなんですね」と理学療法を開始して数日後に言われることに対し「まだ始めてから3日しかたっていないじゃないですか」と言ったり，いじめを体験した人から辛い思いを話されたときに「そのようないじめを受けたら，当然，人を信じられなくなりますね」と発言することなどがあげられるが，これらは外からの

働きかけによりクライエントの内面に変化をもたらそうとする態度である．このような解釈は効果的といえるであろうか．クライエントが「死にたい」と言ったときに，「何をしてもよくならないと，死にたくなりますよね」と知的レベルで対応するとしよう．これで効果的な場合もあるだろうが，そのときに聴き手が「辛い」感情を含めて感じ取って「死にたくなるほど，辛いんですね」と知的および感情レベルでわかり，それを伝えることが"わかり合える"体験につながり，クライエント自身が自分の体験を見つめ理解を深めることになる．この状態に至れば，クライエント自身のもつ回復力や強さ（strength）によって変容につながり，そこで何らかの対処方法が必要となる場合には，専門家のサポートを得て適切な食事療法やリハビリテーションの方法，副作用への対処方法などを学んでいく．

　精神分析における解釈（interpretation）は治療上の重要な要素であるが，知的，無意識的，探索的側面だけでなく，感情的，意識的，支持的側面も含めたものであり，解釈には，どのような体験でも聴き手はその状態のクライエントに添い続けようとする態度が含まれることを成田善弘（1999）は指摘している．解釈の概念を適切に理解していくことも今後求められる．

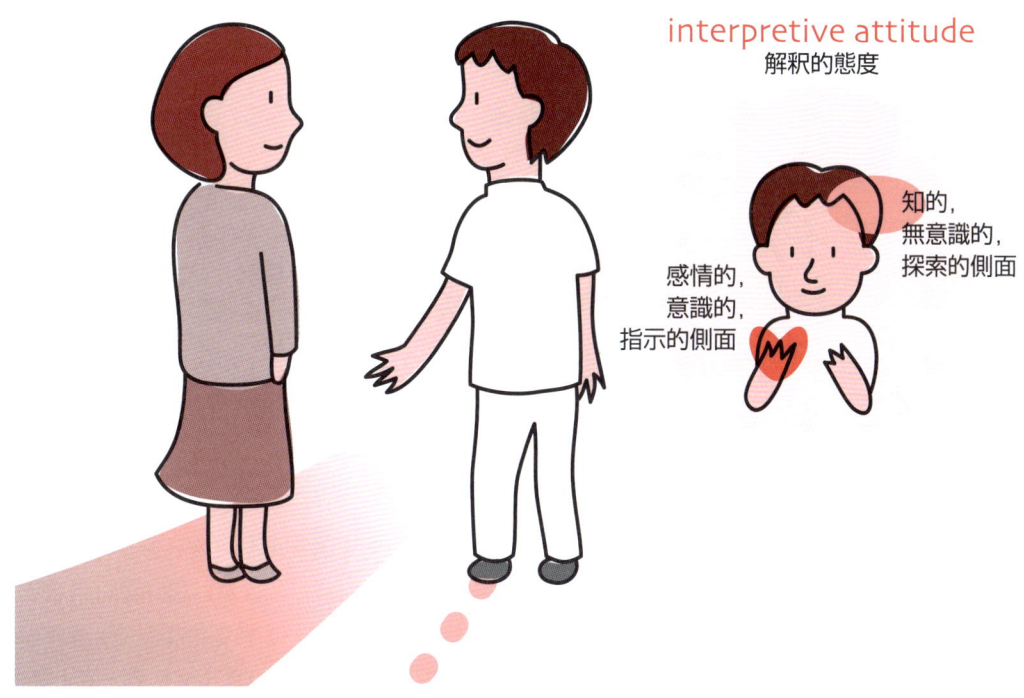

7）理解的態度（understanding attitude）

　クライエントの発言内容，感情，考え，価値観などを適切に理解しているかをフィードバックしたり，確かめようとする態度である．すなわち，クライエントの内部的照合枠に添いながら感情や気持ちを受け止め，的確に理解しているか確認しながらやりとりが続いていく．「いくらリハビリをしても，麻痺している手は動かないし，辛い」と言うクライエントに対し，「どうしようもなく辛く感じるんですね」と対応することで，「そうなんです．思うよう

に手は動かないし，家族には迷惑のかけっぱなしだし」，「そうですね．4カ月になりますね」と会話は進んでいきやすい．支持的態度よりも，より深い受容といえるかもしれない．

このような会話のなかで，ヘルスケア・ワーカーはクライエントの苦悩や苦痛を解決できない状態になることから不安を感じやすくなる．思うように改善しない麻痺状態から生じる将来に対する不確かさを抱きやすい．ここでどう耐えることができるかが重要になってくる．その不安から逃げることなく，その不安の状態にとどまれるかということであるが，容易なことではない．

しかし，ここで強調しなければならないことは，クライエント自身がそれを乗り越えていく力をもっていることである．前述のクライエントの能力や強さを信じ，外からの力ではなくクライエント自身の内面の力で乗り越えていくことが大切であり，ヘルスケア・ワーカーはそれを援助するだけで，ヘルスケア・ワーカー自身がクライエントの代わりに乗り越えていこうとしてはならない．ただ，ときには肩代わりをしたり，もたれかかるのを支えることを求められる場合もあり，的確なアセスメントが不可欠といえる．

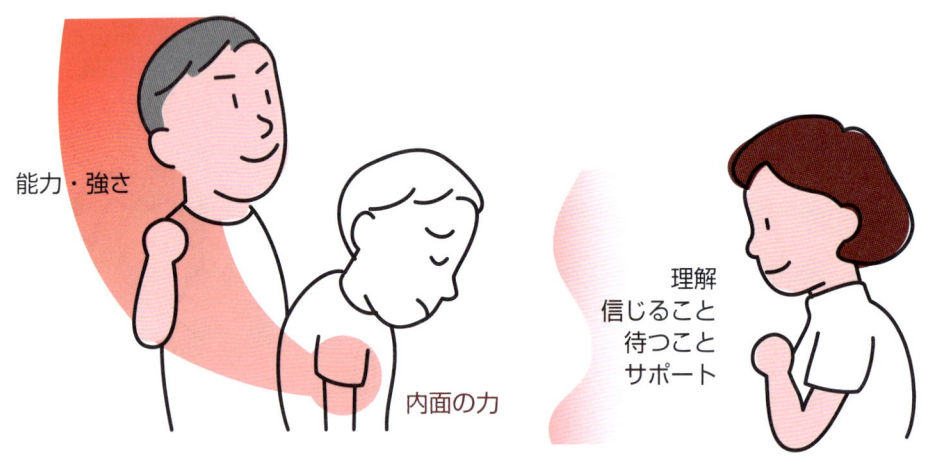

最初の6つの態度は，クライエントを外から動かそうとする態度で（例外として，精神分析的解釈はクライエントの内面での変容を促進するために用いられるが），最後の1つはクライエント自身が変容するのを促す態度である．前述したように，これらのなかでも通常の会話では探索的・調査的態度が圧倒的に多く，理解的態度は少ないという（春木 豊・岩下豊彦，1975）．第1印象や観察からの限られた情報をもとに，ヘルスケア・ワーカーは今までの経験や知識に基づいた個別的な理論や枠のなかでクライエントをカテゴリー化し評価しがちである．クライエントから直接話を聴いて十分納得するまで判断を保留したり，クライエントの話を傾聴しクライエントを受け入れたりする態度はなかなか生じにくい．

ある実験で，一般の人に「できる限り相手をよく理解するように」と教示し面接を行ってもらうと，多くは自分のもち合わせている理論，知識，経験を意識的に動員して，1つひとつを確認していこうとする知的な行動をとったり，相手の話に感情的に対応したり，受け身的態度になることが多い傾向がみられたという（春木 豊・岩下豊彦，1975）．ヘルスケア・

ワーカーにもこのような傾向のあることを理解し，先入観にとらわれることなく対応することが必要ともいえる．また社会心理学の概念の1つに帰属理論（attribution theory）がある．これは自分にとって好ましくないことの原因を自分自身と結びつけず外的要因と結びつけ，好ましいことの原因は自分と結びつける傾向をもち，他者のことは内的要因と結びつけてとらえる傾向を人はもっていることを示している．たとえば，同僚に朝の挨拶をしても返事がない場合には，「変なやつ」，「僕のこと嫌いなのかな」などと同僚の内的要因を理由にして納得しようとするが，自分のことは「今日，朝から妻と口論になったから」とか「今朝の電車のなかで嫌な思いをしたから」といった外的要因で納得しようとする．医療場面でもクライエントの身体的側面よりも心理・社会的側面に焦点が置かれる傾向がみられる．たとえば，ターミナル・ステージのクライエントとの関係に困難を抱いていた場面がある（干場佳美ら，2001）．頻回にみられることに，ヘルスケア・ワーカーはクライエントのパーソナリティや対人関係のとりかたに焦点を向けがちであるが，疼痛コントロールなどの身体状態が整っていないときがある．痛みのあるクライエントが円滑なコミュニケーションをとれないのは当然なことであり，心理的な側面ではなく身体的側面へのケアをまず行う必要がある．自然災害やトラウマティックな体験後の状態でも同様なことがいえるかもしれない．これらの傾向を自分自身がもつことを念頭に置き，クライエントとのコミュニケーションを営んでいくことも必要である．

3. "わかる＝理解する"こと

広辞苑（1998）によると，"理解"は物事の道理をさとり知ること，人の気持ちや立場がよくわかることであり，明らかでなかったことが明らかに判明する意味をもつ．"知る"とは，ある現象・状態を広く隅々まで自分のものとすることであり，それに基づき予測したりする意味である．"対象理解"という表現をするが，知的レベルだけでなく感情レベルでクライエントを"わかる"ことが求められ，これは共感とよぶことができる．また人は互いに影響し合いながらコミュニケーションを営んでおり，一方的に理解するだけでなく，ヘルスケア・ワーカーがクライエントを理解することにも影響し，それらを含めて，そして感覚なども含めて"知る"ことが必要になる．そして，その"わかった"ものをクライエントに伝

え，"わかり合える"ことが重要である．

"わかること"には前述した負の受容力が求められる．未完成な状態や不確かな状態にいることは，決して心地よいものではなく不安や不安定さを抱くものである．クライエントが求めてくるような問題解決に直接つながらないために，「頼りなく思われるのではないか」とクライエントや周囲の評価を気にかけたり，「こんなことを聞いたら相手を傷つけるのではないか」などといった不安を抱いたりしがちである．クライエントを"わかろうとすること"はクライエントの内部的照合枠に直面することに伴う不安や不満，空虚感，怒り，攻撃性などを回避することなく耐え，そのまま受け入れ，これらの体験から学んでいくプロセスを共有することにつながり，それによりわからなかったものがわかるように，見えなかったものが見えてくるようになる．このようにできるためには，Rogers（1966）が述べているように，外部的照合枠に基づく知覚を排除し相手の話に集中して"聴くこと"が必要不可欠であり，これにはトレーニングを必要とする．

加えて，コミュニケーションの前提は，相手のことは"わかっていないこと"であり，それをわかろうとすることである（山鳥 重，2002）．人はほんとうに他の人のことを知らないものである．わかったつもりになってしまったり，一方的に決めつけてしまったりしがちである傾向をもつことを常に意識しておくことが求められる．

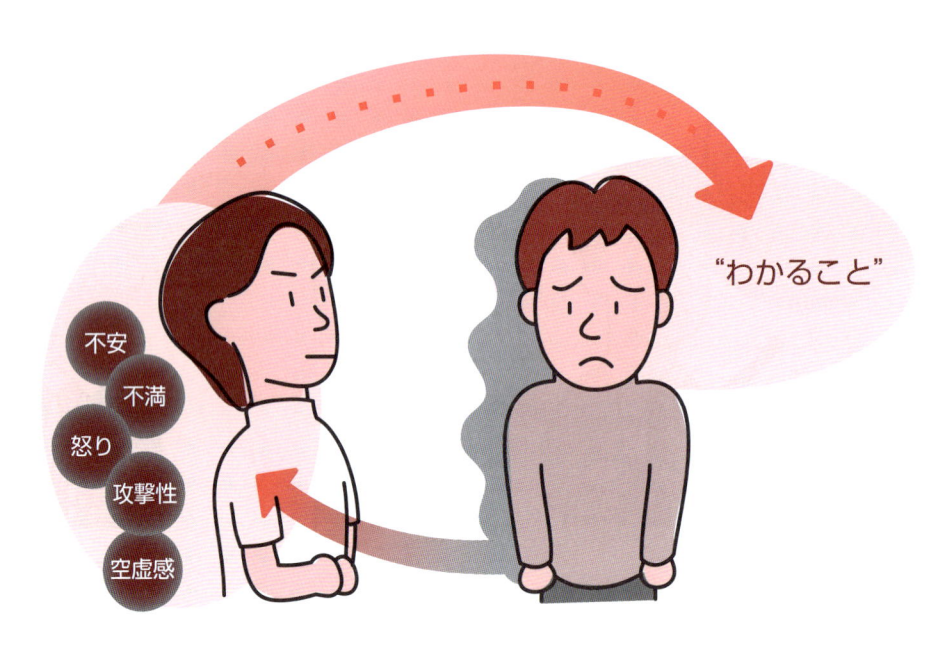

4．共感の定義

では，感情や考え，価値観や欲求などを理解しそれをクライエントに伝える"共感"についてみてみよう．異なる定義が"共感"や"感情移入"には用いられるが，共感に関する研究の流れをみると，情緒面に焦点を向けた「他者の感情や情動体験をメッセージの聴き手が同じような体験をすること」（Stotlandら，1971）と，認知面に焦点を向けた「メッセージの送り手の感情表出（直接的あるいは間接的）を，受け手が同じような感情を体験し，それを

送り手に伝えること」，また，「クライエントの思考，感情，行為のなかに自分自身を想像的に置き換えて，クライエントのあるがままの世界を構成すること」(Dymond, 1948) といった定義がある．

共感は19世紀半ばから後半にかけて発達した概念で，精神分析的心理療法での治療方法の1つとしての共感と，Rogersのクライエント中心療法での体験としての共感で，自己治癒力を高める効果をもつものとして発達してきた (Bennett, 2001)．共感はサイコセラピーのゴールであるのか，治療の道具やスキルであるのか，コミュニケーションであるのか，あるいは聴くことであるのか，自分の内面を観察する内省であるのか，あるいは能力や力といったセラピストの知覚や観察の1形態であるのか，気質や感情であるのかなど，明確にすることが困難な概念である (Basch, 1983)．

前述した解釈のように，共感は知的レベルと感情レベルとして区分しているものではなく，この2つを統合したとらえかたに変わってきており（尾崎和男，1986)，1つの現象としてとらえるのではなく，プロセスとしてとらえるようになっている．衣笠隆幸 (1992) は，自己心理学 (self psychology) のキーコンセプトである共感を日本語としての意味，慣習的なサイコセラピーのなかでの意味，精神分析的な意味などの多角的な方向から理解を深め，サイコセラピーにおける共感の混乱や弊害を指摘している．なかでも感情的に共感することは，主体がクライエントよりもセラピストに置かれている場合のあること，また，理解は知的な側面のみが強調されるが，理解することにより心理的なつながりのある関係になり，自己防衛を健康的に取り除くことで，心的痛みの伴う過去の体験を"いま-ここで"の状態でプロセスする場合もあることを指摘しているが，大切なポイントである．

共感をサイコセラピーにおける重要な1要素であることを一般化した，クライエント中心療法 (client-centered therapy) のRogers (1976) は，体験としての共感でクライエントの自己成長能力を高めたり再活性化するのに重要なものを大きく6つの要素に分けている（表Ⅲ-1参照)．

■ 表Ⅲ-1　共感に関連した要素 (Rogers, 1976を参考に)

共感

1. 2者間でコンタクトがある
2. クライエントが何らかの課題を抱えている
3. セラピストは関係性のなかで純粋性を維持し統合されている
4. 無条件で積極的で肯定的な配慮をしている
5. クライエントの体験を共感的に理解し，それをクライエントに伝える
6. 決して過剰にならず，最小限で共感的理解と積極的で肯定的な配慮をしながら行う

1）2者間でコンタクトがあること

　まず，クライエントとヘルスケア・ワーカーの間で何らかの関係が必要である．たとえば，道を歩いていて，見知らぬ人が通り過ぎた．その人が突然倒れたりしたとき：

・気づかずに，歩き続ける
・気づいても，歩き続ける
・立ち止まり，その状態を見て，他の人がとる行動を見ている
・立ち止まり，その人に手を差し伸べる，必要に応じて救急車を呼ぶ

など，様々な反応がある．

　1つの見かたであるが，「気づかずに，歩き続ける」場合には，関係は全くないといえる．「気づいても，歩き続ける」場合には，関係をもつことを拒絶していることになる．「立ち止まり，その状態を見て，他の人がとる行動を見ている」場合では，関係はもっているが，傍観者としての役割を担っている．「立ち止まり，その人に手を差し伸べ，必要に応じて救急車を呼ぶ」場合には，関係をもとうと試みている状態であり，何らかの関係があるというのは，このような状態が必要である．

　外来であっても入院であっても，検査や治療，ケアを受けることに同意しサインをするか，あるいは暗黙のなかで成立するか，直接的な金銭のやりとりがあるか否かなどの要素が含まれるが，特定の契約のもと，クライエントとヘルスケア・ワーカーの関係が成立する．精神科の医療保護入院や，他の診療科でもクライエントからの同意が不十分なままに診察や治療が開始される場合がある．たとえば，アルコール依存症による肝障害や血糖値のコントロール不良のための入院などでも，必ずしもクライエント自身が治療や入院に対し同意していない場合がある．あるいは入院の目的がクライエントとヘルスケア・ワーカーの間で一致していない場合にも，書類上では同意しており一見契約関係が築かれているように思われるが，そうでない場合も決して少なくない．それであれば，先のRogersの指摘する関係は形式的には築かれているようであるが，クライエントの準備状態となる2つめの"悩みを抱いている（何らかの課題を抱えてる）"としてとらえているか否かは不明である．

　「契約をする」ということは，契約書にサインをする側は，内容などに関し「徹底的に調べ，検討し，そしてサインをする前には，契約書の内容を一字一句確認し，サインや印鑑を押す」という一連の行為が必要となる（21世紀研究会編，2001）．インフォームド・コンセントが定着してきてはいるが形ばかりであり，文化的な違いの考察などはほとんど行われることなく，説明をして書類にサインをしてもらうということがいまだに少なくない．というのも，契約を結ぶことには必ず責任が生じるが，"安心感の対人関係"で生活をしてきた人にとっては，アサーティブに自分の思いや感情などを表現したり，不明瞭な点や疑問を明らかにすることが困難だったり，相手が気分を害するのではないか，よく診てもらえないのではないかという不安を抱いたりすれば，内的にも外的にも自己決定権が十分に尊重されにくい状態となり，自己決定権に基づいた同意とは程遠い．そのため十分な自己責任もとりにくい状態を促進してしまい，本来のインフォームド・コンセントの目的は達成できない状態が続くだけであろう．また，セカンド・オピニオンを受けることでも，主治医がスムーズに応じてくれ検査結果などを借してくれたとしても，他方の医師から診察拒否を受けることもある．このときその理由は決して明らかにされなかったり，「医師として他の医師が下した診

断を否定するのはモラルに反する」と言われることもある．100％確実なことが得られにくいなかで，可能な限り情報を得てクライエントが自己判断し自己決定することが日常的になるまでには，ヘルスケア・ワーカー自身も医療サービスの受け手であるクライエントや家族もまだまだ乗り越えなければならない課題があるようである．

　加えて，それぞれのヘルスケア・ワーカーには提供できるサービスの内容とできないことの限界を明確化していくことも，この契約関係においては必要なことである．入院中のクライエントの一番身近にいる看護師は「何でも屋」ではないが，臨床栄養士や臨床薬剤師などが病棟に入り今まで以上に複数のヘルスケア・ワーカーがクライエントへの直接的ケア（働きかけ）を行うなかで，チームメンバーが円滑に協働できる関係を築き，それぞれの専門職の間にみぞが生じないようにしながら，それぞれの専門性が十分に活かせるようにしていくことも大切なことである．特に心理面へのアプローチはどの専門家も必要となるため，それぞれの職種のできることとできないことを明確にしていくと同時に，クライエントにとってそれぞれのケア内容がケースバイケースであることを理解しておくことが必要である．様々なヘルスケア・ワーカーが1人のクライエントとかかわりをもち，理解的な態度で専門的サービスを提供しているなかで，クライエントが健康障害からの回復だけでなく，受診や入院生活のなかでケアや指導を受けることを通し，健康を考えたりヘルス・プロモーションへのきっかけにもつながっていくことになれば意味のある機会と時間であろう．

2）クライエントが何らかの課題を抱えていること

　2つめにクライエントが何らかの問題意識（課題）を抱いていることも必要である．ヘルスケア・ワーカーにありがちなことに，何でも問題視しがちなことがある．まず必要なことは，クライエントがその現象をどのようにとらえているのかを"わかる"ことが必要である．「このままの状態だと，仕事も失うし，離婚にもなってしまうから」と話すクライエントがいる．この発言に対し，ヘルスケア・ワーカーは「じゃあ，治療に前向きに取り組むんだ」ととらえてしまうのは早計であろう．この発言どおりに健康障害からの回復への動機が高い場合もあるが，このような外的要因に強要されている状態では，知的レベルではどうにかしなければと思っていても，感情レベルではまだ行動変容への準備状態が整っていない場合も

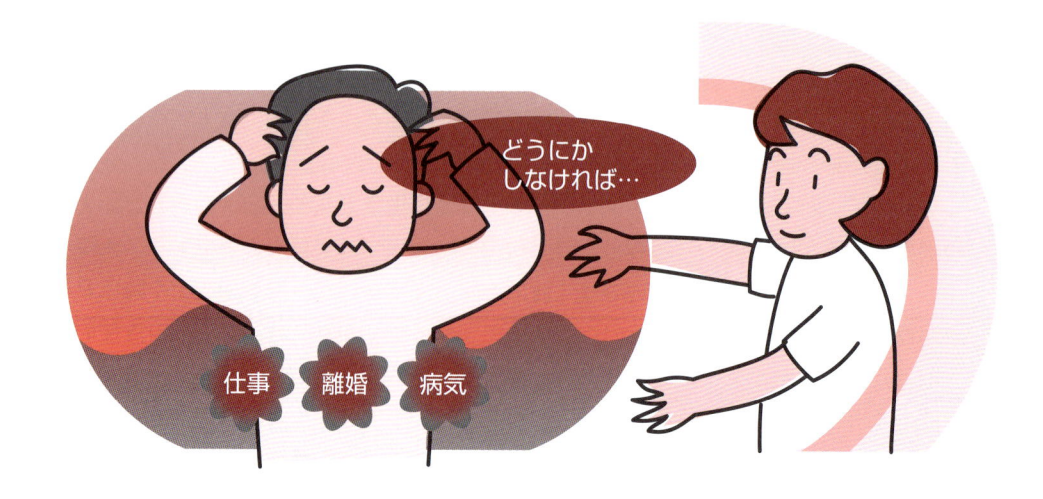

決して少なくない．悩みを抱いている状態であるのか否かの判断と行動変容への準備状態が整っているのか否かの判断は，発言された言葉だけで安易に行ってはズレが生じやすい．また，これはクライエントの立場に立っておらず，ヘルスケア・ワーカーの視点でとらえてしまっている状態である．客観的には問題となることでも，主観的にはそれが問題ととらえられていない場合には，クライエントの認知面への働きかけが効果的かもしれない．

3）聴き手は関係のなかで純粋性を維持し統合されていること

3つめの"純粋性・自己一致"とは，関係のなかで聴き手はヘルスケア・ワーカーとしての役割を演じたり，表面をとりつくろったり，防衛的に身構えるのではなく，こころを開き，その瞬間に聴き手としての自分のなかに生じる感情や態度そのものでいられることであり，すなわちこれがカウンセリング・マインドといえる．ありのままでいられること，こころのなかの感情や思考とクライエントに伝えたこと・伝えることとの間に矛盾や食い違いのないこと，経験と行動が一致していること（春木 豊・岩下豊彦，1975）などが含まれる．"ありのまま"の自分と他者を受け入れることは，Ⅱ章で述べたように容易なことではない．ありのままを受け入れていないことに気づき，その要因を考えてみることが大切なステップである．

看護領域をはじめとする他者への援助をする感情労働を職業とする人々のなかでみられがちなことに，誠実でやさしいことが望ましい要素であり，自分のことは二の次にして相手を優先することに価値を置くことがある．しかし，これらは自分自身の抱く感情や思い，考えなどを抱く"権利"を否定し排除するような状態のうえに成り立つものだろうか．近年様々な領域でアサーティブ・コミュニケーション（assertive communication）のトレーニングが行われているが，ここで基本的なことは自分自身および他者の"権利"を尊重することがあげられる．しかし今までのコミュニケーションのなかでは，自分自身および他者の体験する感情や考え，欲求などを体験したり表現したりすることなどの尊重を意識してこなかった場合には，Rogersの"純粋性"とは異なる態度と行為であることに気づくことが求められる．

4）無条件で積極的で肯定的な配慮をしていること

　4つめの"無条件の積極的・肯定的配慮"は，クライエントのありのままを無条件に受け入れることで，クライエントの経験をクライエントの一部として温かく受け入れ，受容や温かさに何の条件もついていないことが不可欠である．「あなたが誰であろうと，何であろうと，どんなことを考えたり感じたりしていようと，今この時間はあなたのためだけにわたくしはここにいます」というものである．このとき，クライエントという他者ばかりに目が向けがちであるであるが，"受け入れる"ということは，まずヘルスケア・ワーカーが自分自身を受容し尊重することが必要であり，そのうえでクライエントの受容と尊重があることを念頭に置く必要がある（Fey, 1955）．また，前述したように"ありのままを無条件に受け入れる"ことは，相手の言うがままに従ったり，同感したり，巻き込まれてしまうことではない．自分の価値基準でクライエントを評価せず，クライエントの内部的照合枠に添うことである．

　とらわれの強い症状のために体重が30kg以下まで減ってしまい入院となった思春期の女性の母親が，実習生を前に「勉強でも教えてもらえばいい」と話した．このとき実習生は，

無条件の積極的・肯定的配慮　あなたが誰であろうと，何であろうと，どんなことを考えたり感じたりしていようと・・・

「今は生命の危機的状態であり，勉強どころではないのに，このお母さんは全然わかっていない」と考え怒りを抱いた．「お母さん，今のAさんの状態は勉強よりも身体のバランスを回復することが大切だと思いますよ」と話した．このように対応する場合には，無条件の積極的・肯定的配慮やありのままの母親を受け入れている状態とはいえないだろう．評価的な態度であり，批判的な発言になっている．後述のジョイニング（joining）（p.105参照）にもつながることであるが，「お母さんは，Aさんが入院前からなかなか勉強ができない状態があり，今も入院しておられるので，勉強が遅れてしまっているのを気にしておられるのですね」という反応をした場合は，どうであろうか．確かに母親の娘に対するとらえかたにはズレがあるかもしれないが，それを否定的に条件的に接することにより，どのような状態が生じるかを考える必要がある．

5）クライエントの体験を共感的に理解し，それをクライエントに伝えること

　5つめの"共感（empathy）"は，クライエントが体験していることを敏感に感じとり対応するだけでなく，同時にヘルスケア・ワーカー自身の体験にも敏感でなければならない．"あたかも-のように（as-if）"と"いま-ここで（here-and-now）"という状態が不可欠である（Rogers, 1964）．これはクライエントを聴くあるいは聴こうとする"態度"が必要不可欠であり，専門家としての中立性を同時にもち合わせている状態でもある（森岡正芳，2002）．ある看護学生が「自分は学生としての部分と1人の人間としての部分がどうあるのかわからなくて苦しい」と語った．鷲田清一（1999）は看護師が燃え尽きやすい要因として，ケアの提供者としての職務の顔と1人の人間としての顔の2つを求められ，そして生を共有する立

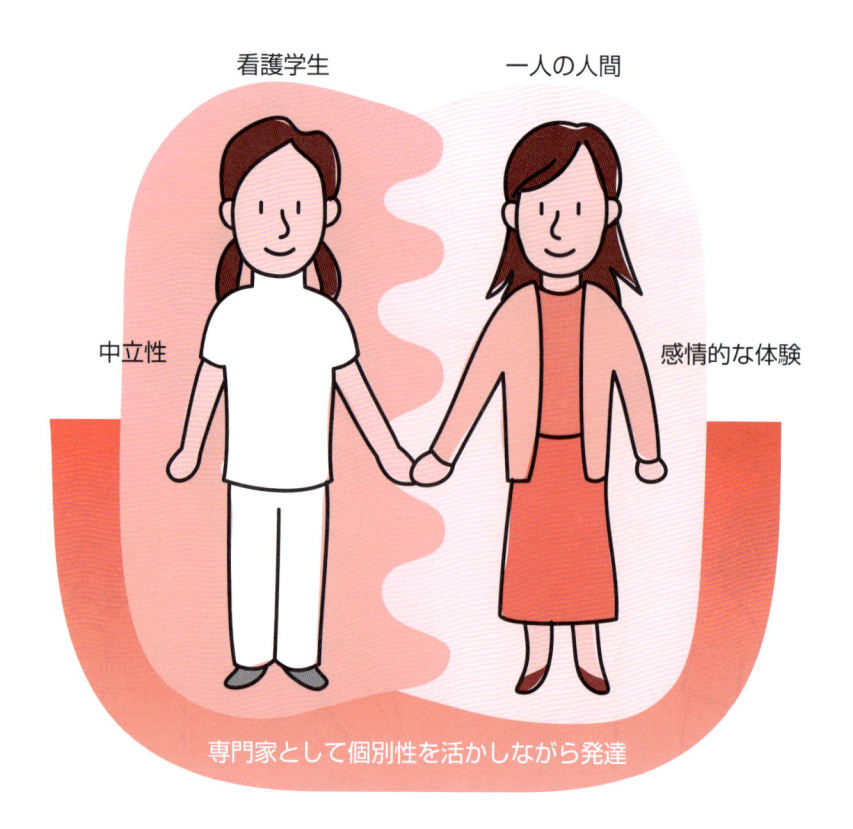

場であることを指摘している．看護者としてクライエントの身体的・心理的・社会的側面からの健康への包括的理解とアプローチ，そして1人の人間として人間関係のバランスのありかたに直面した状態である．前者がある意味で中立性を保つことであり，後者が自分自身の抱く感情や考えなど意識的および無意識的，知的および感情的な体験であり，2つともが大切なことで，これらのバランスが，専門家として自分の個別性を活かしながら発達させていくことになり，かつ1つひとつの場面や関係の質などで異なってくる．

6）決して過剰にならず，最小限で共感的理解と積極的で肯定的な配慮をしながら行うこと

最後に，これらは，"ほどよい（good enough）"状態であることが望まれ，過少であっても過剰になりすぎても効果的とはいえない．過少であれば信頼関係は築きにくく，過剰であればクライエントの依存性を高めてしまう危険性をもっている．クライエント自身が自律かつ自立した，自分にとって適切なアセスメントと判断のもとに自主的かつ主体的に周囲の人々と円滑な関係を，家庭や職場，学校でも営んでいくことへの援助である．加えて，このとき，できないことや不足していることに視点が置かれがちであるが，クライエントのもつ強さやできていることに焦点を向けていくことも重要である．

good enough

5．共感の生物学的側面

感情を共に分かち合うことに関しては，脳の大脳辺縁系，扁桃体や視床など脳の様々な部位が感情ごと（怒りや喜びなど）にかかわっている．右前頭葉に障害がある場合には，言葉の内容（コンテント：content）は理解できるが，感情を込めて反応することができなかったり，感情を抱いていてもそれを的確に表現できない．また，視覚と小脳扁桃に関する動物実験では，視覚的に苦痛な情報を得ることで共感が得られた（Panksepp，1982）．一方，ダウ

ン症候群の子どもたちは，情動や感情のコントロールのホメオスターシスが完成する生後3カ月前後に，中枢神経系の神経伝達物質のセロトニンやアセチルコリンの分泌が少なくなるために，交感神経系の活動も抑制される．この結果として，前頭葉にある情動と感情コントロールを行う部位の発達が遅れるといわれている．また，生理学的な反応が低いこともあり，環境から受ける刺激に対する感受性とその反応が弱く，発達が遅延するという．また，年齢を問わず女性が男性よりも共感性は高いといわれているが，必ずしも統一した研究結果は得られていない．これは，研究の対象となる行動や内容が異なるためと考えられるが，生物学的に男女の脳の違いによるものであるか，あるいは社会化による影響であるのかについては，共感の発達においても結論は出されていない（尾崎和男，1986）．

　Pert（1997）は全身のあらゆるところにある神経ペプチドを，「感情の生化学単位」と名づけ，"こころ"と"からだ"のメッセンジャーであると提唱している．行動や感情を体験したメッセージは脳と他の身体の部位に記憶されるが，特に神経と神経節の間に貯蔵されるとされている．この神経ペプチドの85〜90％の受容体は，大脳辺縁系（小脳扁桃，海馬体，大脳辺縁皮質など）に存在し，受容体の変化は感情や行動をコントロールする．様々な感情を表出せず，抑制したり抑圧している場合には，この受容体に蓄積されていくという．そして浄化（カタルシス）や解放されることなく蓄積し続ける場合には，全身の心身両面への大きな乱れを生じることにより，神経をはじめとする1つひとつの細胞や各臓器の機能や連絡をとりにくくしたりする．結果として，健康障害にまで至り，その状態からなかなか回復しにくい状態にもつながると考えられる．

　これらは，感情が"こころ"という目に見えないものでコントロールされているのではなく，脳や神経という生物学的側面でコントロールされていることを示している．すなわち，感情が"こころ"だけに支配されているのではなく，身体の1つの臓器である"脳"と神経

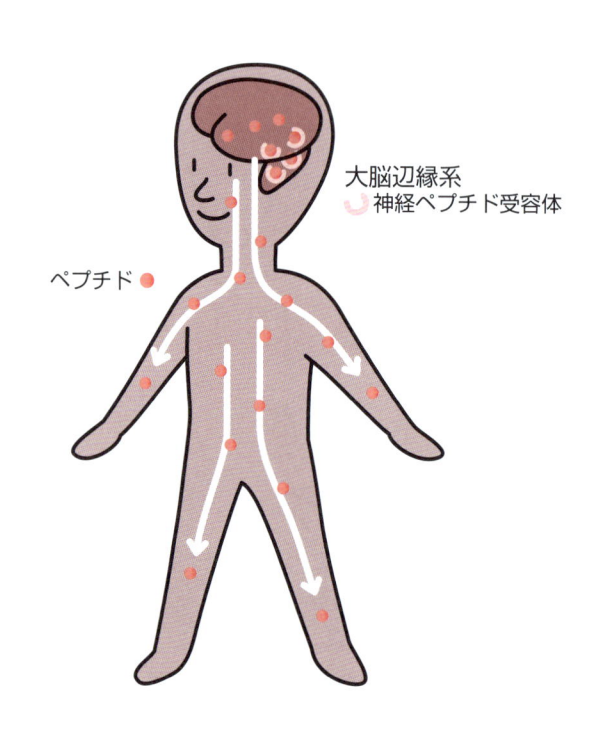

系に支配を受けていることを裏づけるものである．たとえば，精神障害の1つのカテゴリーに不安障害があり，パニック発作やPTSD（心的外傷後ストレス障害），強迫性障害などが含まれる．どうしようもない不安や恐怖感は，脳内神経伝達物質をはじめとする機能的，器質的異常による影響と心理社会的要因によるものがあり，これらが互いに影響し合っていることを理解しておく必要がある．

6. 共感の発達

生物学的側面に加え，発達段階における心理・社会的側面での共感の発達がある．発達心理学的には，乳児期の自己と他者の区別がつく前に苦痛に対する同情や思いやりの能力があることがわかっている．共感の発達における第1人者のひとりであるHoffman（1982）は共感の発達段階を4つに区分している（表Ⅲ-2参照）．

■ 表Ⅲ-2　共感の発達 (Hoffman, 1982より)

段階	内容	時期
段階4	他者の生きかたやライフスタイル，考えかたなどに応じた共感	10歳前後～
段階3	他者の感情体験そのものに対する共感	2・3歳～9歳頃まで
段階2	自己中心的な共感	1歳前後～2歳まで
段階1	全般的な共感	誕生～約1歳前後まで

1）発達段階

段階1　全般的な共感（global empathy）　誕生～約1歳前後まで

自己と他者が分離した存在であるという識別が可能になる前に出現する．これは，他の乳児が苦痛や悲しみの状態であると感知すると（これは何となく，あるいはうっすらとかもしれないが），自分自身のなかに同様の苦痛や悲嘆状態をつくり上げる．他の乳児が泣き始めると，その場にいる乳幼児全員が泣き始めるという現象がみられるが，これが一例といえる．もっとも身近な養育者の気分を感じ取り同じような状態になる場合も含まれるかもしれない．

これをアメリカの心理学者のEdward B.Titchenerは"運動模倣（motor mimicry：他の人の体験している情動を身体的に感じること）"を共感の前身となる概念として1920年代に提案した．これはギリシャ語の"empatheia（feeling into）"を語源とし，他の人の主観的体験を感じ取れる能力である．また，新生児はこの"他者の行動を模倣する能力"をもち合わせており（Field，1977），共感の生得的要素であるといえる．運動模倣は2歳半くらいまでには消滅し，他の人の苦痛などは自分とは異なること，安楽にしてあげようとしても，してあげられないことがわかるようになる．

一方，運動模倣とは異なった概念にDaniel N.Stern（1985）の"情動調律（affect attunement）"がある．情動調律とは，相手が感じていることや望んでいることを感じ取り共有し，目的を一緒にかなえていこうと行動し，共有した快感を体験しようとするものである．養育者が乳児の苦痛や喜び，興奮などに波長を合わせた対応をすることや，大人の"making love"である．パートナーが快感を得るように喜ばせたいと積極的な行動をとる．一方，相手に対し積極的な行動をとっても，不調和状態を生じやすいものに，思春期の子どもと親の関係がある．これが延長化すると，多大な情緒的損失を生み，親は共感的対応をしても，子どもは感情を表現することを避けようとするようになってしまう．

　これらのことより，人は生まれながらに周囲の人々の感情を感じ取り反応する行動をとる能力をもち合わせていることが理解できる．しかしそれだけでは適切な共感の発達には結びつきにくく，誕生後の養育者との関係が大きな影響を与える．乳児は，養育を受けるなかで，視覚・聴覚・触覚などの感受性を高めている．養育者や環境からの刺激が適切でなかったり少なすぎる場合には，乳児の感覚運動反応の発達は大きく遅延してしまう．これは，単に感情のみならず，脳などの身体的機能の発達にも大きく影響することが様々な研究をとおして理解が深まっており，アタッチメントをはじめとする乳児期の関係性の質と量や刺激による脳の感情面での発達の重要性が今まで以上に重要視されている（五十嵐透子，2001b）．

段階2　自己中心的な共感（egocentric empathy）　1歳前後～2歳まで

　この年齢になると，自己と他者は異なる存在であることを認識できるようになるが，他者の苦痛や痛みは自分と同じものであるととらえて，自分が楽になった/楽になれた体験を提供する．たとえば，泣いている子どもを，自分の母親の所に連れて行き慰めようとする行動をとる．成人であっても，その人の体験している感情を理解し，受け止めようとするのではなく，自分自身の過去の体験と照らし合わせてとる行為の一部には，"自己中心的な共感"がある場合もある．これは，セラピストになるためのトレーニングの初期の段階や医療系の学生の臨地実習中にみられがちな現象の1つ，"過剰な同一視（over-identification）"（Teyber, 2000）に類似している．クライエントの体験を自分自身のものと重ね合わせてしまうことでわかったように思ってしまうことである．

段階3　他者の感情体験そのものに対する共感　2・3歳～9歳頃まで

　他者の抱いている感情に対し，共感的に対応する．他者の感情は自分のものとは異なったものであることが認識でき，他者の感情に積極的な働きかけを行うようになる．これには，脳の発達が必要である．というのも，他者の感情を体感として身体で感じるだけでなく，言語的理解も必要になってくるからである．その一方で，自己と他者の感情体験が異なることを認識するがゆえに，どのように対応していいのかわからなくなり，混乱してしまう状態も起こりうる．他者の苦しみはわかっているが，どうしようもない，という状態ともいえる．

| 段階4　他者の生きかたやライフスタイル，考えかたなどに応じた共感 | 10歳前後～ |

　1人ひとり異なる生育歴や生活体験をもつが，人間として共通性をもっていることを理解し，感情それ自体のみならず，前後の文脈のなかでとらえることができるようになる．

　これらの発達段階で忘れてならないものには，子どもたちの共感の発達には，他の人々がその他の人の苦痛に対しどのように対応しているかを観察することでも形成されていくというモデリング（modeling）が常に影響していることである．たとえば，出産後の母親が抑うつ的になり乳児の微笑みに無表情でしか対応しなければ，"反射的な共感"として乳児も抑うつ的になる．また楽しげな母親に対しては，楽しげに反応する（Sullivan, 1953）．その一方で，最初は懸命に母親からの反応を得ようと様々な行動をとるようにもなるが，そのうちに反応をしなくなってしまう．発達心理学の研究では，3カ月の乳児は遊びのなかで母親の抑うつ状態を反映し，怒りや悲しみを表現し，自発的な好奇心や興味を示すことが少なくなることが示され，乳幼児期の情動の不調和の体験は成人後への影響が強くみられると指摘されている．加えて，自分を愛し，護ってくれる重要な他者から何らかの虐待を受けている場合には，期待を抱き続けることだけでなくネガティブな感情を抱くことすら対応できない圧倒される体験になるため，感情そのものを体験することをしないで自分を守ろうとすることもみられる．

　また，前述したようにこれらの発達段階は，学生が専門家に成長していくなかでクライエントの気持ちに添うことや共感的な対応ができるようになる段階としても理解することができる．自分に向けていた視点をクライエントに関心を向け，クライエントのために何かできることがないか，少しでも楽になれるように援助ができないかと考えるようになる．しかし緊張や不安，どうしていいのかわからないことなどに直面するうちに，クライエントを自分の体験のなかで見つめようとする一種自己中心的な状態になる．しかし自分の体験とクライエントの体験は異なるものであることを理解し，ここでもどうしていいのかわからなくなり，一般的な枠のなかでクライエントをとらえようとすることもあるが，少しずつクライエントの個別性に添ったケアを行えるようになっていく．

2）間主観性（intersubjectivity）

　これらは"間主観性（intersubjectivity）"の概念からとらえることができる．発達心理学領域のDaniel N. SternやColwyn Trevarthenらが発達させたもので，乳幼児の養育者の感情や気分を敏感に感知する能力（Trevarthen, 1980）であり，一次間主観性（primary intersubjectivity）と二次間主観性（secondary intersubjectivity）の2つがある．これは養育者が乳幼児の内的反応や活動を調整し，乳幼児自身が自己調整能力を養育者との相互作用を通して発達していくなかでみられる．一次間主観性は生後5～6週間目くらいからみられ始め，乳児が母親の表情や気分に敏感に反応し，温かく表情豊かな非言語的なやりとりに対しうれしさを表現するが，母親の表情や視線などが暗かったり乳児を無視するような場合には，乳児が引きこもり視線を避けるようになる．二次間主観性は，6カ月頃から発達するもので，養育者にも自分と同じような感情があり，同じ感情を分かち合えると安心でき，情動調律を体験する．

一方，Stolorow & Atwood（1992）は，間主観性を2人以上の人（人間以外のものも含まれるが）の相互の共同体験や影響し合うことであり，相手の主観的な体験を写実的にイメージすることであると理解し，相互に同意していく相互作用とした（臨床心理学の領域では，各学派により同じ用語であっても，異なる定義で用いられる場合が多い）．

3）その他の要因

共感の発達には，出生順位との関係や知的能力との関連性，および対人関係知能（リーダーシップ，他者への関心度，感受性，陽気さ，親しみ，ユーモアなど）があげられる．また，文化的な違いの調査では，国籍や文化を問わず，女性の方が男性に比べ共感が高いという結果が出ているが，前述したようにすべての研究結果が統一されてはいない．

7．共感と異なる概念

共感という言葉は人を対象とする領域で長きにわたり教導（教育・解説）されているが，共感だけでは不十分であり，似た概念や異なるものをも理解することで，共感への理解が深まるように思われる（表Ⅲ-3参照）．

■ 表Ⅲ-3　共感と識別した方が望ましい概念

混同しやすい似たような語

- 同情（sympathy）
  自分の立場からの相手に対する主に哀れみの感情
- 同感（unipathy）
  グループ内で相手と同じ思いと行動をとる
- 同一視（identification）
  無意識レベルの活動で，相手と同じように感じ，行動をとる
- 投射（projection）
  無意識レベルでの自分の感情を相手が抱いているようにする

反対語や共感の異常

- 反感や毛嫌い（antipathy）
- アレキシサイミア（alexithymia）
- 無共感（no empathy）
- 質・量ともに異常な状態（qualitative and/or quantitative abnormal empathy）

1）共感と混同しやすい概念

共感とは異なるものとしては同情，同感，同一視，投射などがあげられる．

（1）同情（sympathy）

2者間において同じ感情を抱き好意や理解を示すものであるが，喜びやうれしさなどのポジティブな感情では体験されにくく，ネガティブな感情に抱かれるものである（春木 豊・岩下豊彦，1975）．クライエントへの哀れみ（compassion）であり，クライエントの立場に立ってではなく，自分の立場でクライエントを観察し，クライエントの感情に触発されて感情的に反応することである．同情は"クライエントの苦痛を和らげたい"というヘルスケア・ワーカーの願望に基づいて行われるもので，苦しみを共にするという意味で他者の苦痛を部分的に自分のものとして体験する（鷲田清一，1999）．そのため，同情はヘルスケア・ワーカーとクライエント間の境界（boundary）を不明瞭にし，どちらの感情であるかの区別がつきにくくしたり，クライエントの依存性を高めてしまう可能性がある．一方，共感は自律や自主性，および自己管理やセルフケアを高めるように働く．

（2）同感（unipathy）

集団内において自分の内的行動が相手のものと同じようになってしまう現象である．同調行動（conformity）は，社会心理学で重要な概念であるが，これがネガティブに働く場合，「赤信号，みんなで渡れば怖くない」状態になってしまう．これは①ショッキングな事態に直面したときや動揺したとき，②注意の欠如状態や過度の緊張状態のとき，③注意が相手に過剰に向けられたとき，④事態が曖昧で今までの経験を用いて適応できないときなどでみられやすい．冷静に思考しての行動ではなく反射的に生じたり，自分の意思を明確にもっていなかったり自信がないときにみられやすい．

（3）同一視（identification）

防衛機制の1つで，無意識レベルで行われる．他者と同じように考えたり，感じたり，行動をとり，その人との結びつきを強くしようとする（p.122参照）．

（4）投射（projection）

防衛機制の1つで，無意識レベルで行われる．聴き手の内面に生じる受け入れたくない感情や思考，衝動などを，あたかもクライエントの感情のように思いクライエントに投射することで，これは共感とは全く逆のものである．これらの防衛機制は，何らかの不安のために自分自身を守ろうとする無意識レベルの動きである（p.123参照）．

2）共感と反対の概念

共感の反対語は反感や毛嫌い（アンティパシー：antipathy）や，アレキシサイミア（失感情症：alexithymia）などがある．アンティパシーは相手の感情体験を受容するのではなく，自分の感情のまま非難的に対応することである．また自分自身の感情だけでなく，自分と他者の感情の識別ができない状態でもある．

アレキシサイミアはアパシー（apathy）と混同されやすく，「感情の欠如」と誤解されやすいために，「失感情言語化症」や「失感情言語化障害」と訳語が用いられたが，現在は「アレキシサイミア」と英語をカタカナ読みにしている．アレキシサイミアは，消化器系潰瘍や喘息などをはじめとする心身症の特徴の1つとも指摘されている．というのも，身体的変化

の表現である情動を表わすのに適切な言葉をもたず（たとえば，悲しい，うれしいなど），感情の内面の体験の代わりに事実関係の詳細を長々と述べる特徴をもっている．そのため，対人関係にも支障が生じがちになる．

　また，これら以外に共感の質と量の異常も考えられる．全く共感のない"無共感"状態から，クライエントの表出する感情とは異質の感情を抱いたり，過剰な反応をしてしまう場合である（春木 豊・岩下豊彦, 1975）．クライエントから共感反応を生じるようなメッセージが表出されない場合や不明瞭な場合には，共感は行いにくい．一方，クライエントから感情表出がみられても，"聴く"ことができないために，感情をキャッチできなかったり，自分自身の不安などの感情のために防衛的になっている場合には，共感反応は質・量ともに乏しい状態になりやすい．また，メッセージの送り手以上に聴き手が強く反応してしまう場合もあり，聴き手自身の過去の体験とオーバーラップするときの過剰な同一視などに生じやすい．

　このように共感できにくい場合には，自分自身，クライエント，関係や場などから多角的に理解していくことも必要である．

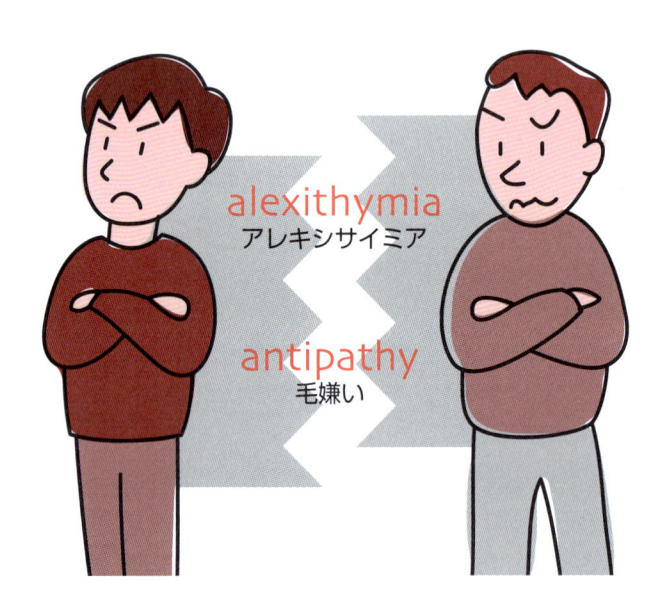

alexithymia
アレキシサイミア

antipathy
毛嫌い

8．共感による効果

　Geist（1989）は，対人関係のなかで相手に理解され受け止められたと感じたときに生じる効果を6つ提案している．これは精神分析の自己心理学の視点からとらえたものである（表Ⅲ-4参照）．ここでの共感は，クライエントの意識および無意識レベルでの体験を"わかる"ことと，それをクライエントに言語的かつ態度や非言語的要素（表情や口調など）を通して伝えられるものを指している．

■ 表Ⅲ-4　共感による効果 (Geist, 1989より)

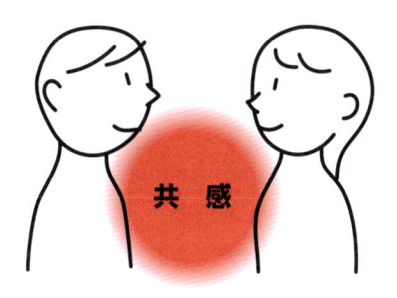

1　生きていることを感じ，実存していることの体験化

2　新しい体験の統合化の促進

3　コミュニケーションの質の向上

4　人間にとって必要な万能感を体験し，創造力の向上・促進

5　不完全な自分自身と他者の受容の促進

6　現実感の体験

1）生きていることを感じ，実存していることの体験化

　　身体が生きていくうえで酸素を必要とするように，共感による実存性の体験は心理的には自己アイデンティティの維持につながる．また，この実存性の体験は健康なナルシスティックな均衡状態の維持において不可欠なものである．Heinz Kohut（1971）は，人がさらに成長し自己実現するにあたり必要となるのは，共感，創造性，そしてユーモアであると述べているように重要な1要素であり，こころのエネルギー源にもなりうる．"こころのエネルギー"は人との触れ合いを通した関係やポジティブな自己イメージ，自信や自尊心や自己コントロール感覚，喜びや楽しさなどの体験を通して生産されるもので，不安や心配などのネガティブな感情や思考がコントロールされず，生産的・建設的ではないことにエネルギーを過剰消費しない状態とも考えることができる．

2）新しい体験の統合化の促進

　新しい体験の統合化（integration）には，自分にとって受け入れたくない感情を否認することなく受容していくことが必要であり，それにより広がりのある自己の発達につながり，情動，感情，思考，願望，ファンタジーなどの豊かさの拡大にもつながる．

3）コミュニケーションの質の向上

　他者に受け止められた体験は，物質的満足感からは得ることができない満たされた感情が体験でき，対人関係におけるコミュニケーションの質の向上につながる．これは受容された相手だけでなく，周囲に拡大し円滑なコミュニケーションの輪が広がっていくことにもなる．

4）人にとって必要な万能感を体験し，創造力の向上・促進

　自尊心が高く，多くのことに創造的にチャレンジしていけるのは，万能感（自分自身に自信をもち，何でも行うことができると思えること）の体験と維持が必要である．自分が考えたり，感じたり，行動することを評価や批判されることなく受け入れられる体験は，この万能感を体験し行動化への原動力につながる．その一方で，完璧さを求めつつ，完璧で完全なものは決して手にすることのできないのが人間のもつ限界でもある．

　創造性とは"新しい生きかたや考えかたを自分のなかに生み出すプロセス"で，芸術だけをさすのではない．失敗する可能性も高いが，成功により得られる利益も大きい，ハイーリスク・ハイーリターン（high-risk & high-return）状態である．このリスクがとれ新しいものを生みだしていくのにも，共感が大きな位置を占める．対象関係論派のWinnicottの"本当の自分（true self）"から捉えて，北山 修（1985）は，創造性は極端に妥協することのない本当の自分が外的現実と関わるときの方法の特性であり，これも対象との関係を通して活かされるものであると指摘している．様々な場面でその人のもつ創造性が発揮できるのも，メンタルヘルスには重要な要素の1つであり，共感が大きな位置を占める．

5）不完全な自分自身と他者の受容の促進

　不完全性を自他ともに受容することは，虚無感，喪失感，空白感などを乗り越えた状態につながる．完璧さを求めても，人は決して完璧なものを得ることができない．この現実を受け止め，柔軟に対応できるようになっていくために共感は不可欠なものである．

　信頼性に関する日米の比較研究で，アメリカ人の方が一般的信頼（他者一般に対する）レベルが高く，何らかの問題に直面したときに，協力行動をとる傾向の強いという結果が得られている（山岸俊男，2000）．日本社会は安心していられる環境ではあるが，このことイコール他者への信頼感が高いとは決めつけられない．不確実な状態で，相手に裏切られるかもしれない，しかし利益を得たり，何かを達成するために他者を信頼し行動をとっていかねばならず，危険を冒している状態である．リスクをとることで，他者への信頼感を高めていくことは理解しにくいかもしれないが，何らかの不安のために言うことをためらっていることを誰かに話したり，自分自身認めたくないことを受容していくには共感が重要な要素となる．これは相手に理解してもらえない，受け止めてもらえないかもしれないが，そうしてもらえ

る可能性に賭けてリスクをとるのである．これは山岸俊男が，現代の日本人にとって，従来みられていた集団主義的な安心の追求から，社会的リスクをとることに基づく信頼関係への変換が必要であることを指摘している点ともつながるであろう．

6）現実感の体験

また，他者との共感なしでは，人間のもつ限界としての"無（nothingness）"の状態に耐えることができず，人と人の間にあるどうしても埋めることのできない空間だけを感じ，結びつきを感じられなくなる．共感があるために，このどうしても埋めることのできない空間を乗り越えていくことができるのである．

9．共感の習得

最後に共感に関するコミュニケーション・スキルに関しては，以下の4つのトレーニングが必要となる（Rice，1980）：
①聴くことを学ぶ
②クライエントと聴き手自身の感情や思考などを識別することを学ぶ
③感情レベルに焦点を当てることと感情を明確に把握することを学ぶ
④聴き手が聴いたことを聴き手の言葉でクライエントに伝える方法を学ぶ

この4つのうちの1つめは，クライエントの話に集中して"聴くこと"で，できない自分を意識しその要因を考えることである．2つめは，日本語には「思う」という表現があり，考えにも感情にも用いられる．しかし「思う」ことは考えたことであり，感じたこととは異なる．このような言葉の意味するものを明確化することは，間接的な表現やあいまいな状態に置くことでコミュニケーションが営まれてきた日本文化にとっては，容易ではなく望ましくないことかもしれない．しかしたとえば，子育てで「叱る」と「怒る」という表現がある．感情のままに何度も同じことを攻撃的に伝えることは「怒る」状態であり，「叱る」場合には冷静に，望ましくないことを明確化し，その理由も説明することになるのかもしれない．「思う」と「感じる」の違いを明確にしておくことも，感情と思考を識別する1つの方法である．通常の生活では感情レベルに焦点を当てていないことも多いため，まず意識することが必要である．これには自分自身の理解がまず求められる．自分の感情の識別ができずにクラ

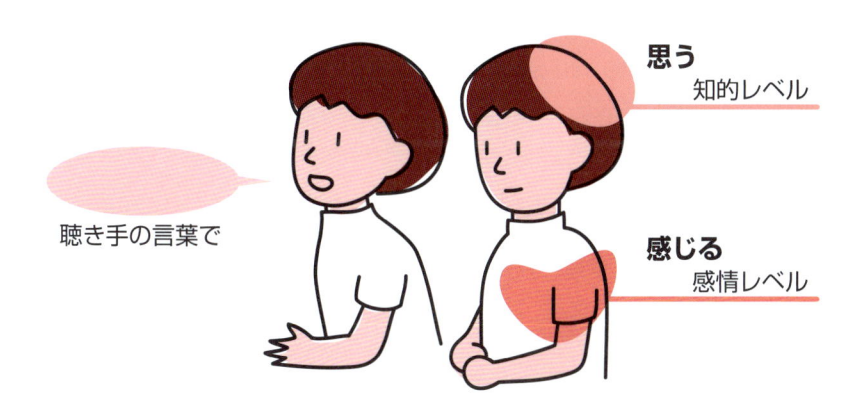

イエントの感情だけを明らかにすることはできない．最後に，聴いた内容を聴き手の言葉で伝えていくこともトレーニングが必要である．これらは実際に練習して習得していくものであり，日頃のコミュニケーションで自己観察をして見つめてみることも1つの方法である．特に生死に深くかかわりをもつ専門職の場合には，可能な限り的確な自己評価（self-assessment）は必要不可欠であり，学生時代からトレーニングが求められる（DeAngelis, 2003）．

IV. ノンバーバル・コミュニケーション
nonverbal communication

　　円滑なコミュニケーションが営まれる前提となる，信頼感や共感について詳説してきたが，これ以降は実際のコミュニケーションをノンバーバル（非言語的）行動とバーバル（言語的）行動に区分し，構成要素や対応のしかた，留意点などを考えていく．

　コミュニケーションにおいて，クライエントの話を"聴く（listen）"ことは不可欠であるが，「耳」を通してのバーバル・コミュニケーションだけではなく，「目」，「皮膚」，「鼻」などの感覚を通したノンバーバル・レベルでも行われている．鷲田清一（1999）は"語る"ことは全身的行為と指摘しているが聴くことも全身的行為であり，このなかでも視覚，聴覚，触覚・運動感覚の3つが主要なもので，嗅覚と味覚の2つは補助的システムと呼ばれている（Argyle，1972）．

　文化人類学者であるBirdwhistell（1970）は，コミュニケーション全般をとらえ，バーバル・コミュニケーションとノンバーバル・コミュニケーションの割合を，同じ文化圏におけるコミュニケーションを用いて研究した．バーバル・コミュニケーションの割合が30〜35％で，ノンバーバル・コミュニケーションの割合が65〜70％であった．一方，ノンバーバル・コミュニケーション研究の第1人者であるMehrabian（1981）は，感情のメッセージは，言葉によるものが7％，声により表現されるものが38％，顔により表現されるものが55％であるとしている．すなわち，情緒的メッセージは90％以上がノンバーバルで伝えられることになる．また，ノンバーバル・コミュニケーションを通して伝えられるメッセージは言語的に伝えられるものよりも4倍以上であるともいわれており（Eakins & Eakins，1988），効果的なコミュニケーションを行うためには，自分自身のノンバーバル行動を意識し，改善したり安定させたり豊かにするこ

とと，クライエントのノンバーバル行動に敏感になることが求められる．

春木 豊（1982）は，"ノンバーバル行動"と"ノンバーバル・コミュニケーション"を区別し，ノンバーバル行動は環境のなかで生活する"個人の外的あるいは内的状況に対する反応"と定義している．一方，ノンバーバル・コミュニケーションは，少なくとも2者間における対人関係のなかで生じるもので，一方の個人が刺激を与え，もう一方がそれに反応する関係をもち，これが繰り返される相互作用である．これは話す側であっても聴く側であっても，その人が他者とのかかわりをもっていれば，常に身体は何かを語っているといえる（竹内敏晴，1982）．円滑にこのやりとりできれば，シーソーが交互に動いているようになるが，一方が重すぎたり，浮き上がるタイミングが不適切であれば，一方通行やすれ違い状態になりやすい．

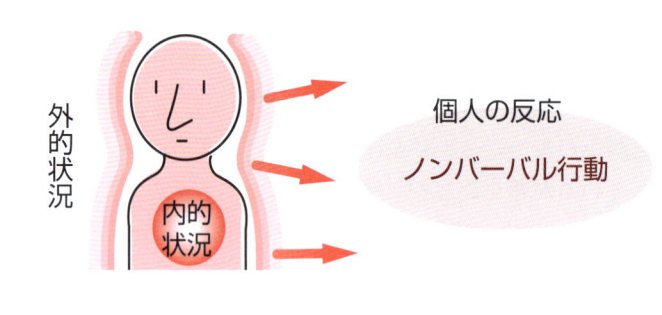

外的状況

内的状況

個人の反応

ノンバーバル行動

二者以上の対人関係のなかで生じる

ノンバーバルコミュニケーション

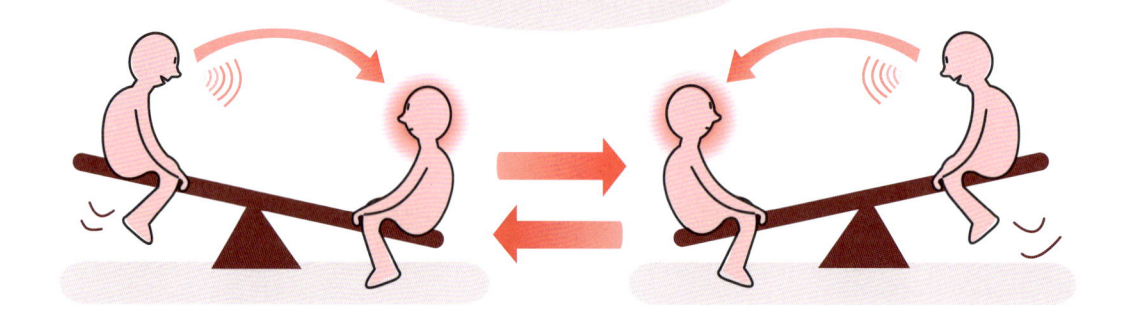

1．ノンバーバル・コミュニケーションの発達

ノンバーバル・コミュニケーションは学習によるものであるが，ノンバーバル行動は学習によらない生得説と後天説の2つに分けられる（Eakins & Eakins, 1988）．これは学習がまだ成立しない生後2・3週であっても，2つの音声の違いを識別でき，母親の声にポジティブな反応を示すことで裏づけられる．西条寿夫ら（2002）は，自分の存在にとって有益か有害かを評価するときに伴う情動で，人にも動物にも共通しているものを"生物学的評価システム"とし，社会生活を営むなかで必要な認知機能で，相手の情動や感情，意図などを理解するものを"社会的認知システム"として，扁桃体との関係で研究を進めている．p.37の共感の発達にも関連しているが，生物学的評価システムと社会的認知システムは独立して機能し

ているが，社会的認知システムで認知したものは，生物学的システムで評価され，そのときの相手や行動や出来事に対する情動が決められるという脳の機能を提唱している．生後3カ月目には，乳児は大人の音声やジェスチャーをまねることができるようになる．これらは，学習によるものではなく，生存していくために生まれつき備わっているといわれている（荘厳舜也，1997）．しかし，誕生後に対人関係を通して学習を積み重ね，最初にノンバーバル・レベルが発達し，次にバーバル・レベルが発達する．そしてその人特有のパターンをつくり上げていく．この生得動作に関連して，ノンバーバル行動における生理的影響も忘れてはならない（Samovar ら，1981）．驚けば瞳孔は散大し目を大きく見開いたり，緊張すれば肩に力が入るように，内面の生理的反応がからだに変化をもたらし非言語的に表現される．これらの変化は，驚いた場合には，瞳孔を広げることで一度に多くの情報を入手しやすくしたり，緊張して何が生じても対応しやすいように身体が反応していると理解することができる．「パニックになる」と表現するクライエントがいるが，ノンバーバル行動がこの状態を身体的変化として知らせてくれる場合もあれば，全く相反した状態である場合もある．ヘルスケア・ワーカーがクライエントのノンバーバル行動の鋭い観察を行うことによって，内部的照合枠に添いやすくなったり，クライエントの主観的とらえかたを否定せずに，冷静さを取り戻し，的確に自分の身体の変化をキャッチできるように働きかけるのも可能になる．

2．目　的

ノンバーバル・コミュニケーションは意識して行われる場合と意識しないで行っている場合があるが，ノンバーバル・コミュニケーションにはいくつかの機能や目的があげられる（東山安子，1997；Samovar ら，1981）（表Ⅳ-1参照）．

■ 表Ⅳ-1　ノンバーバル・コミュニケーションの機能や目的

1. 印象を受けたり与えたりする
2. 関係を示すメッセージを送る
3. 感情表現の方法の1つ
4. 自己表現の方法の1つ
5. バーバル・メッセージの補佐
6. クライエントの行動修正 などへの働きかけの1方法
7. 慣習行為

1）印象を受けたり与えたりする

人は悪い印象を相手に与えたいとは思わない．重要な会議や面接においては衣類や髪を慎重に整えて相手に好印象を与えようと努力する．毎日の業務のなかでヘルスケア・ワーカーはどのくらいこの点に気をつけているだろうか．ユニフォームを着ることで，クライエント

に対するノンバーバル行動を覆い隠していないだろうか．あるいは，画一化したものになり隠れみのにしていないだろうか．しかしながら，一般的なイメージを守りクライエントの期待に沿うことも必要である．薄汚れたユニフォームであれば，印象は決してポジティブなものでなく，信頼関係も築きにくくなる可能性も高くなる．医学生のBSL（bedside learning）の実習時に，ネクタイをして黒い靴を履いて白衣を着ている学生もいれば，白衣の下には無造作に絵柄が透き通って見えるTシャツを着て，サンダル履きというような学生もいる．クライエントへの接しかたや態度がこれらにも表れている．看護学生もパンツスタイルの実習着を着用するようになっているが，白い実習着に黒い靴下を履いているようなことがある．これらが不適切というとらえかたではなく，彼らの服装がクライエントにどのような印象を与えるかを考え，どうしてこのような格好をしているのかを考え，1人ひとりの学生が医療場面での適切な服装を考えてみることが求められる．

2）関係を示すメッセージを送る

　感情表現や自己表現は，前述のように言語以上に表情や口調，姿勢などのノンバーバル行動を通して伝えられる．苦手だと思うクライエントにはパーソナル・スペースは広くなりがちであり回避しがちになったりする．一方，好んでいるクライエントとはパーソナル・スペースは狭くなりコンタクトの頻度も増えるであろう．また，多忙であったり，クライエントの話が関心をもちにくいものであったり，話を聴きたくない相手であれば，これらが相手に伝わらないようにしてもノンバーバル行動を通して相手に伝わりやすくなる．

3）感情表現の1方法である

　そのときに抱いている感情や思考，従来から抱いてきたクライエントへの感情や態度，考えがノンバーバル行動を通して表れやすい．意識せずに行っている場合もあるが，違和感を抱きつつも改善を試みない場合もある．しかしクライエントが表出する喜びやうれししさに合わせて，同じような表情をして反応をする場合もある．これらの情緒的メッセージは90％以上がノンバーバル行動を通して行われるため，ヘルスケア・ワーカーがネガティブな感情を抱いている場合にはクライエントに伝わらないように隠そうとしたり，ごまかそうとする．しかしクライエントはほとんどの場合それを感じ取っている．この点からも自分を整えておくことが求められる．

4）自己表現の1方法である

　コミュニケーションのもつ役割の1つの自己表現であり，自分の存在や個性を表現するもので，後述する表情や口調，上下肢の動きなどに加え服装や髪型，化粧の方法や携帯品なども含まれる．クライエントは刺激の制限された入院環境のなかで，ヘルスケア・ワーカーのいろいろな部分に関心を向けている可能性が高い．前述のような印象を与えるユニフォームを着ることで，自分の個性をカバーしてしまう場合と，同じユニフォームでもそのなかで個性を出していく場合があり，これも自己表現の1つである．

　また，どのような対人関係でも，コミュニケーションでその人の人間性は表出されるものであり，ときには中立性を維持することが求められる場合もあり，ユニフォームもその1つとして位置づけることができるかもしれない．

5）バーバル・メッセージを補佐する

　バーバル・メッセージの内容とノンバーバル行動の一致により，円滑なメッセージの交換は行われやすい．言葉では苦痛を話していても，表情はうれしそうであったり高揚したような口調である場合には，矛盾した状態になり，こころの葛藤状態や何らかの防衛的な状態であるといえる．これには性別の違いが深く関与しており，男性に比べ女性の方が，ノンバーバル・コミュニケーションを用いる頻度は多く，ノンバーバル・コミュニケーションに対する感受性も高く，かつ反応しやすいといわれている（Eakins & Eakins, 1988）．ノンバーバル・コミュニケーションは言語的なメッセージ以上に迅速かつパワフルに伝わる場合も多く，補佐以上のものである場合もある．

6）クライエントの行動修正などへの働きかけの1方法である

　クライエントの行動や認知変容への働きかけには，手による制止や禁止を行ったり，笑顔で対応したりして関心を向けることで，新しい行動を強化し，バーバル・メッセージ以上に強い効果をもつ場合もある．

7）慣習行為

　これには，図書館では静かに行動するとか，結婚式にはカジュアルな服装で出席しないとか，面会では大きな声で話さないなどの，その文化が規定したルールに合わせた行動である．これには，「女性は受け身的な態度が望ましい」などをはじめとする社会化のなかで学習している性別役割行動も含まれる．

　Samovarら（1981）は，ノンバーバル・コミュニケーションにおいて3つの留意点をあげている．まず，1つのノンバーバル行動だけが独立しているのではなく，複数のノンバーバル行動が同時に生じコミュニケートしていること，2つめはノンバーバル・コミュニケーションをリストアップしてすべて述べることは不可能であること，そして最後に，他者の行動を理解する前に，自分自身の行動を理解することの重要性である．クライエントに接する際，オープンにバーバル・コミュニケーションが行いにくいときには，特にクライエントがヘルスケア・ワーカーのノンバーバル行動を注意深く観察し，敏感に反応する傾向を強くもつ場

合がある（Friedman, 1979）．そのため，ヘルスケア・ワーカー自身が自分のノンバーバル行動を理解し，コントロールする必要性が一層高いともいえる．

3. ノンバーバル・コミュニケーションの種類

　　Vargas（1986）はノンバーバル・コミュニケーションを9つに分類している：①その人のもつ生理学的特徴（性別・年齢・体格・体臭・髪の色・皮膚の色など），②動作（姿勢や動き），③アイコンタクトと目つき，④パラランゲージ（発言に伴う音声・口調など），⑤沈黙，⑥接触（なでる・たたく・押すなど），⑦2者間の距離，⑧時間，⑨色彩．

　　東山安子（1997）は8つのノンバーバル伝達手段と研究領域をあげている：①身体動作学（表情・身振り・手振り・姿勢・歩きかたなど），②視線接触学（視線の合わせかた・そらせかた・注視時間など），③近接空間学（相手との距離・座席のとりかた・縄張り行動など），④時間概念学（時間概念・待ち合わせや仕事予定のとらえかたなど），⑤パラ言語学（声の質・声の出しかた・表情音声・沈黙など），⑥身体接触学（ふれあいのとらえかた・腕や肩を組む・抱擁など），⑦嗅覚表現学（香りや匂いの使いかたなど），⑧体物表現学（外見・服装・色彩など）．

　　本章では，これらと金沢吉展（1992）のノンバーバル・コミュニケーションの分類を参考に，コントロールしやすいものを9つに分類する（表Ⅳ-2参照）．

■ 表Ⅳ-2　ノンバーバル・コミュニケーションの種類

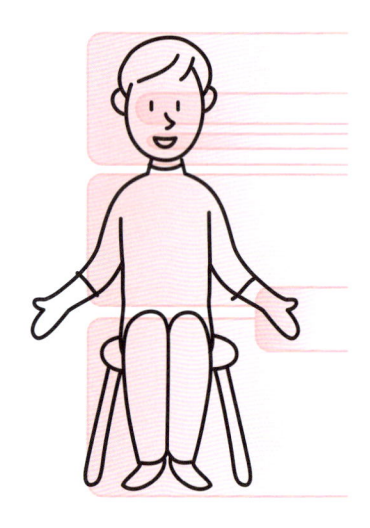

1. 顔や頸部の動き
2. 目の動き
3. 上半身の動き：手，腕，ジェスチャー，姿勢
4. 下半身の動き：体位，位置関係，脚の動き
5. パラランゲージ：声の調子や質（テクスチャー）・強弱・アクセント・テンポ・音量，声の流れ
6. パーソナル・スペース
7. 沈黙
8. タッチング
9. その他：外見，歩きかたなどの移動のしかた，時間のとらえかた，環境設定 など

1）顔や頸部の動き（表Ⅳ-3参照）

　　これには，表情の変化やうなずきなどの頸を動かしたりすることが含まれる．比較文化研究においては，表情の認知は万国共通のものである結果が出されている．しかし，それがどのように用いられるか，またどのように受け止められるかは文化ごとに異なる（東山安子，1997）ため，クライエントならびにヘルスケア・ワーカー自身の文化的背景を理解しておく

■ 表Ⅳ-3　顔や頸部の動き

		種類	
	1. 表情	種類	無表情な，ぼんやりした，ふさぎこんだ，明るい，冷たい，しかめっ面，硬い，豊かな，変化の乏しい など
	2. 頸部	種類	うなずき，上下左右の動き，ひねる，かしげる，もたげる，仰ぎみる，うなだれる，力んだ など うなずきの頻度：ほとんど動かさない，過剰に動かす，声を出しながら，適度に

ことは必要である．また，前述したようにノンバーバル・コミュニケーションには生得的なものと後天的に学ぶものとの2つがあり，前者の1つは生後間もない新生児の微笑み反応である．これにより周囲からの愛情を受けやすくケアもしてもらいやすくなるという効果を生み，全面的に他者に依存して生きていかなければならない状態をより確実にしている（荘厳舜也，1997）．その後の社会化を通し，さらに対人関係における適切な表情のしかたを学んでいく．しかし，この学習過程において他者からの拒絶体験は，他者に感情を知られることを恐れ，仮面様の表情をすることを学んでいくこともある．逆に笑顔でいることにより，他者からの受け入れられやすさの体験をしていれば，笑顔という表情が強化されいつも笑顔でいようとする場合もある．

表情は感情や情動などを表わしやすく，眉間，唇，口，そして眼の状態に反映される（Antai-Otong，1995）．金沢 創（2002）が表情は感情の表出されたものではなく，コミュニケーションのための1つであると指摘しているように，他者の意図や情動，感情を理解し，行動を予測するときの手がかりにもなる（西條寿夫ら，2002）．そのため顔の絵が疼痛スケールに頻回に用いられたり，携帯電話のe-mailでも表情の絵文字が盛んに工夫されているのは，表情が誤解が生じにくく容易に感情を表現し相手も理解しやすいためで，またコントロ

ールしやすいといえる（Friedman, 1979）.

　表情の種類には，通常用いられる表情に対する表現を考えるとわかりやすい．無表情，ぼんやりとした，ふさぎこんだ，明るい，冷たいなどの表現があるが，これらのなかでもぼんやりとした表情などは実際の感情をマスクしてしまい，他者からは誤解されて受け止められることもある．一般的に，微笑みや笑顔は接近行動につながりやすく，しかめっつらや怒りの表情は他者に回避行動を引き起こしやすい（春木 豊，1982）．重要なことは，会話の内容と表情が一致していることであるが，逆に不一致状態であれば，それを"嫌な人"や"扱いにくい人"と評価的にならずに，どうしてなのか，またどちらが本音のメッセージであるのかを"わかろうとする"ことが必要となる．

　頸部の動かしかたは，うなずきや首を横に動かすことで同意・反対の意見の表出につながる．また，首をひねったり，かしげたりする動作は，疑問を表現したり，あるいは同意や否定の意味をもつ場合もある．首をもたげたり，上を仰ぎみたりしている場合は，何かを思考しているときなどにみられる．一方，うなだれている状態は，抑うつ的であったり，ガックリしてしまったときにみられる．クライエントの話を聴いているときに，深くうなずきすぎたり，頻回に動かしてしまうと，メッセージの受け手は好意で行っている場合であっても送り手は不快感を感じてしまい，受け手の思いが適切に伝わることなく誤解された状態になりやすい．何についても過剰な状態は適切ではないが，ヘルスケア・ワーカーにみられがちなことに，うなずきすぎたり，頷くたびに小さな声を発生することもある．たとえば，クライエントが天気の話をしていても，深くうなずいているヘルスケア・ワーカーがいる．社交辞令的な会話をしている場合であっても，強い感情表出が行われているような対応をしてしまっている．柔軟性に欠けた首の動きであり，その場と会話内容に一致していない．過剰な行動をとる場合は，十分に聴けていないことやヘルスケア・ワーカー自身の不安のために，過剰なうなずきでバランスをとろうとするために生じている可能性がある．しかしこれらは習慣化されてしまっており，気づかずに行っている場合も少なくないため，周囲の人に聞いてみたり，録画して確認してみることも1つの方法である．これは，表情や頸部の動かしかただけでなく，すべてのノンバーバル・コミュニケーションに共通することであるが，過剰であったり過少であれば効果的とはなりにくく，自然で"ほどよい"状態が求められる．

2）目の動き〔アイコンタクト，見つめること（凝視，仰視も含む）〕（表Ⅳ-4参照）

■ 表Ⅳ-4　目の動き：視線による接触，まなざしによるふれあい

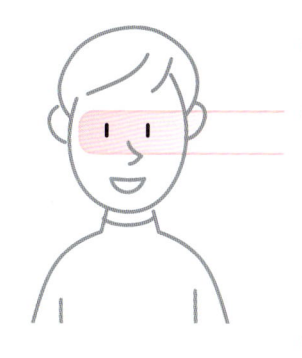

1. **種類**　にらむ，じっと見つめる，見つめる，凍てつくようにみる，凝視，仰視，合わせない　など

2. **頻度と持続時間**　まばたき：過多（19回以上／分），ほとんどない，適度
   視線の合わせかた：全く合わせない
   　　　　　　　　　ほとんど合わせない
   　　　　　　　　　適度に合わせる
   　　　　　　　　　視線をはずさない
   　　　　　　　　　凝視
   瞳孔のサイズ：拡大した，縮小した

3. **関連要因**
   1) 相手や会話の内容，対象となるものなどへの関心度や理解度，受け入れ状態
   2) 情動・感情
   3) 自己評価や自尊心
   4) 他者からの評価への関心度
   5) 文化的要因

　顔の動きでも，目については単独でみていきたい．というもの，人は対人関係において，顔の動きの30〜60％をアイコンタクトに用い，アイコンタクトの10〜30％は約1秒以上続くもの（Samovarら，1981）で，コミュニケーションのなかでも占める割合の高いものであるからである．アイコンタクトは視線を合わせることであるが，"視線による接触"，"まなざしによる触れ合い"と訳すことができる．親密な関係や上下関係のなかでみられる，"瞳同士のコンタクト"に関連する．

　"見つめる"ことは，"ときどき相手の目を見たり，相手の顔から目をそらしたりしながら，他者の顔を見る"ことで，"凝視"や"仰視"は，アイコンタクトにも"見つめること"にも含まれ，そのときの状態や関係の質などにより異なる．凝視は10秒以上見つめることであるが，怒りや恐怖感のために凝視する場合だけではなく愛情として恋人同士が見つめ合うものも含まれる．これらは，感情を積極的に表現している行動といえる（Morris，1977）が，どのような感情に伴う凝視であっても，恋愛関係以外の多くの場合では相手を不快にする可能性が高い．

　Vargas（1986）は，会話時に目の動きのもつ機能を次の5つに分けている：①話す・聴くことの交替時期の調整，②相手の反応のモニター，③意思の表示，④感情表出，⑤関係や相手に対する感情の伝達．

　①会話でお互いにメッセージを交換しているときに，毎回「わたしはここまで話しました．次はあなたの番です」とか「今話したことについて，あなたが反応する番です」と言語で伝え合うことはめったに行われない．通常意識しないで行われているのは，自分の話が終わったり，相手からの反応を求めるときには，相手の目を見て相手の発言を促すことになる．話をしている間に目をそらしたりするが，相手に反応を求めたり，今度は聴き手側に回るというときには相手の目を見る．これにより，話し手が交替されることになったり，会話が終了したりする．グループ内などで問いかけられたときに，うつむくことで直接その場で反応す

目の動き

目線の合わせ方

感情の理解　伝達

感情

感情

アイコンタクトの量

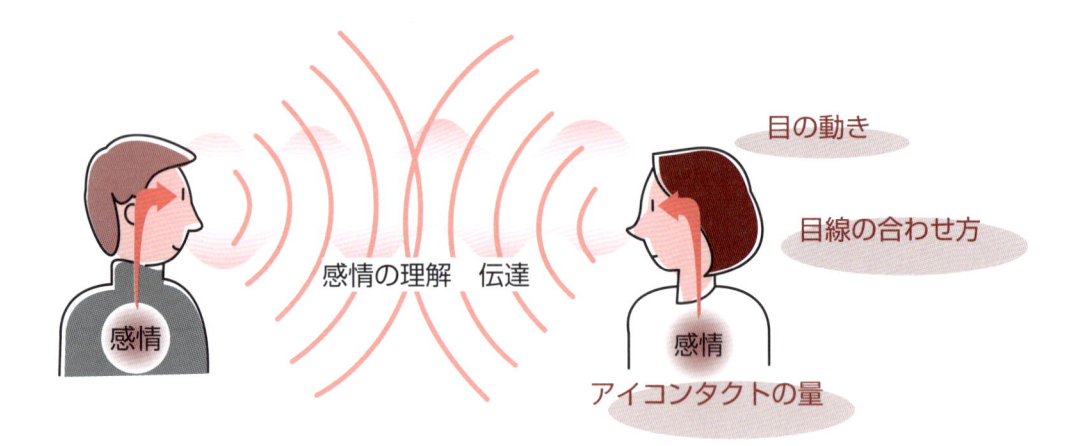

る立場に立たないようにする行動は，目の動きのもつこうした役割が明らかな場面である．しかしクライエントとヘルスケア・ワーカー双方の関係の質や感情や考えていることから深く影響を受けており，これが円滑に用いられにくい場合も決して少なくない．

　②視線の合わせかたや目の動きにより，その人の会話や会話の内容に対する反応や変化を観察し把握することが可能となる．

　③相手の目の動きかたから，会話に対する，あるいは自分に対する関心度や理解度，受け入れ状態を判断することが可能である．

　④目の動きは，内面に生じている感情を表す．凍りつくような目をして相手を拒絶したり，侮辱の思いから相手を卑下しているような目をしたり，愛情や関心の強さから凝視したりすることが，目による感情表出の一例である．クライエントの目の動きや変化を通して，クライエントの感情を理解できると同様に，ヘルスケア・ワーカー自身の抱く感情も目を通してクライエントに伝わる．アイコンタクトを回避する場面は，単に相手や話題を避けることのみならず，一種の慣れのためであったり，生理的な興奮を抑えようとしたり，思考するなどの場合にも生じることがある（梶原佳子，1993）．また，恥じらいや，しおらしさ，さりげなく示す高慢さからアイコンタクトをはずすこともある（Morris，1977）．また，ハンディキャップをもつ人の障害部位や切除部（例えば，乳房など）を意図的に見ないようにする場合もある．これはクライエントへの配慮から行っている場合が多いであろうが，逆に障害を強く意識しすぎることにもつながりやすくなることもある．障害をもつ人が「今まで30年以上，（障害に関し）一度も聞かれたことはありません．でも必ずみんな僕を見て視線をそらします．どうしたの？と聞いてくれる方がどれだけ楽か」と話すことがある．

　⑤相手との関係の質や相手に対する感情によって，アイコンタクトの量には大きな違いがある．たとえば，訴えの多いクライエントで，ヘルスケア・ワーカーがネガティブな感情を抱いておりベッドサイドに行くことを苦痛に感じている場合には，アイコンタクトの量は著しく減少する．逆に，クライエントにポジティブな感情を抱いていたり，クライエントがヘルスケア・ワーカーを信頼している場合には，アイコンタクトの量は増加するであろう．これらは"見つめる"ということが，相手に対する"態度"を伝えていることになるためである（Argyle，1972）．

　アイコンタクトに含まれる感情は，そのときの状況や関係の質によっても影響を受けるが，

梶原佳子（1993）は，パーソナリティによっても異なることを指摘している．これは，自己意識と他者からの評価を意識する程度や自尊心の高低，自信のなさとの関係が深い．自己評価を過剰に気にする状態であれば，他者からの評価を気にかけすぎたり，劣等感にさいなまれたり，あるいは対人恐怖の傾向が強くなる可能性もあり視線を恐れやすい．一方，鈍感すぎれば社会的な適応が困難になる場合がある．比較的一定であっても過剰にクライエントを注意深く見続けたり，頻回に視線をそらすことは，クライエントに誤解されるメッセージを送ってしまうことになる．

目の動きやアイコンタクトの状態で，思いやりや愛情が表現される一方で，攻撃や恐怖感，監視されているような感覚を対象に与え，行動がコントロールされているような感じを与える場合もある（春木 豊，1982）．しかし，どちらであっても，ミーティングで発表したり，人の前に出るなど"まなざし"を向けられる可能性のある場にいたり，実際に向けられると，人は自己意識が高まり生理的な緊張や興奮を高める（梶原佳子，1983）．梶田叡一（1993）は，"まなざし"と自己意識に関する7つの問題点を指摘しているが，これを対人関係での"アイコンタクト"の視点からとらえてみると，

① 人は他者からのアイコンタクトの量や質に無関心でいられない
② アイコンタクトにより，自己コントロールを行ったり，自分の存在や相手からの期待度を判断している
③ ②の判断が批判的で非受容的な場合は，自分自身を否定的にとらえ，支持的で受容的な場合は自分自身を肯定的にとらえる
④ 可能な限り，支持的で受容的な"アイコンタクト"を得られるようなネットワークを形成しようとする傾向をもつ
⑤ 自分の思いに反したものであっても，支持的で受容的な"アイコンタクト"が得られるように行動する
⑥ "アイコンタクト"が煩わしかったり耐えがたい場合には，"アイコンタクト"のない状況に自分を置く（孤立化したり，その場にいても関心を示さない，うなだれるなど）
⑦ 日常生活場面での"アイコンタクト"に安定性が得られない場合には，超越的なものを求めることがある（宗教やイメージのなかに入り込むなど）．

涙ぐんだり涙を流すことも目の動きに含まれる．これも感情の表出であり，悲しみ，悔しさ，嬉しさなどがあるが，涙を流すときは生命の危機的状態ではないことが明らかである（荘厳舜也，1997）．相手が涙を流すことが苦手な人がいる．特に男性で女性の涙が苦手で，「泣かれるとどうしていいのかわからなくなる」ということを聞く．男性性としての生物学的な影響もあるかもしれないが，社会化のなかで，男性は女性を泣かすものでない・男性は泣かないといった規範の影響や，p.23の幼少期からの「泣かされる」という表現による影響，弱い女性を何とかするという役割意識，敗北感などが影響し，無力感や焦りにつながる可能性も考えられる．苦手意識の関連要因を考えてみると，涙を流す相手に冷静に対応しやすくなるかもしれない．他者が何らかの理由で強い感情反応を体験し涙している状態に対し，"もらい泣き"をすることがある．相手の感情体験への感情移入に伴う反応で，共感の発達段階の段階2と段階3にまたがる状態かもしれない．これには，相手の状態に同情して，自他間の境界が不鮮明になるが，社会的動物で他者との関係のなかで生きているからこその自

然な反応の1つとも考えられる．

　福井康之（1984）によると，まばたきは通常1分間に10回程度であるが，Riemer（1955）はまばたきの異常の6種類を説明している：①まばたき過多（excessive blinking），②抑制的まなざし（depressive look），③演技的まなざし（dramatic gaze），④監視的まなざし（guarded gaze），⑤放心的まなざし（absent gaze），⑥忌避的まなざし（averted gaze）．

　①まばたき過多は，1分間に19回以上のまばたきで，緊張時や理解の困難なときに生じやすく，目を閉じて見ないでおきたい状態である可能性がある．しかし，心理的な要素だけでなく，幼少期からの生理的感受性の高さが影響している可能性のあることも忘れてはならないだろう．

　②抑制的まなざしは，抑うつ的で希望のない状態であるが，その一方で結びつきや愛情を求めている場合もある．

　③演技的まなざしは，表面的で相手からの関心を意図的に得ようとするものである．性的な要素も含んでいる場合がある．

　④監視的まなざしは，自他ともに厳しく見張っている状態で，油断なく常に警戒している．これは他者を信用できず，他者からの攻撃を常に監視しつつ，自分自身がコントロールできなくなることへの不安により生じるという2面性をもっている．そのため，他者を寄せつけないような状態を引き起こしやすくなる．

　⑤放心的まなざしは，ショック状態や"いま-ここで"の場にこころが存在しておらず，感情も含まれていない状態である．

　⑥忌避的まなざしは，積極的に他者から回避し情緒的なコンタクトを拒絶している状態といえる．

　これらのことは，まばたきの回数やアイコンタクトの状態で，クライエントの心理状態を把握することができることを示唆しており，異常さを感じたときに，どの分類にあてはまるかを考えてみると，クライエントへの理解が深まりアプローチのしかたにも参考となる．

　また，瞳孔の大きさに焦点を当てることでクライエントの内面への理解が深まる場合もある．というのも，瞳孔は明るさで変化するだけでなく，感情の影響も受けるためである（Morris，1977）．好感をもっていたり恐怖感を抱く場合には瞳孔は拡大し，嫌悪感を抱く場

合には縮小する．たとえば，食事に対する瞳孔反応を観察することで，食生活の異常さを推測するデータとすることが可能となる場合もある．しかし，個別的嗜好は1人ひとり異なるため，一般化してとらえてしまうのではなく，クライエントの個別性を理解したうえで行う必要がある．

　加えて，文化的要素も考慮しておかなければならない．アイコンタクトをとることが通常の社会的マナーである文化もあれば，アイコンタクトをとることは相手への軽蔑となったり，対人関係においてはさほど重要ではない文化もある（Samovarら，1981）．アイコンタクトを判断するさいには，持続時間，その程度，他のノンバーバル行動，話題，両者間の関係性なども考慮する必要がある．

3）上半身の動き：ジェスチャーや手の動かしかた，姿勢（表Ⅳ-5参照）

　手の動きは通常，言語的メッセージを強調したいときに用いられやすい．何らかの不安を抱いているとき，あるいは怒りを抱いているときには，指やペンなどを過剰に動かしたり机をたたいたりする．日本文化では，握手をすることは少ないが，国際化する日本社会のなかでヘルスケア・ワーカーも異文化から来たクライエントをケアする機会が増加しており，文化によっては出会いのときにも別れのときにも握手をすることがマナーの1つである場合もある．また頭を下げて挨拶をする日本文化は国際的にも浸透しているようにも思われるが，頭を下げる動作はアイコンタクトを回避したり何か隠したいことがある行動として誤解を受ける場合のあること（21世紀研究会，2001）も理解しておく必要があるかもしれない．また，握手というよりもクライエントの手に手を添えて何らかの感情を伝えたりする場合もある．感謝を伝えたいときや選挙の立候補者が投票者に投票して欲しいことを懇願する場面などには，片手ではなく両手を添えて自分の思いがより伝わるようにしている．ヘルスケア・ワーカーも片手よりも両手をクライエントに添えること1つで，思いを伝えることも可能である（タッチングp.76参照）．また，メモをとりながらクライエントの話を聴くことも，十分に聴けているのか，クライエントに前面を向けているのかなど，自分自身の行動を見つめる必要がある．

注）メモや記録をとりながら話を聴くこと
　記録を書くことは，何を目的にしたものであろうか．記録法には様々な方法があるが，心

■ 表Ⅳ-5　上半身の動き

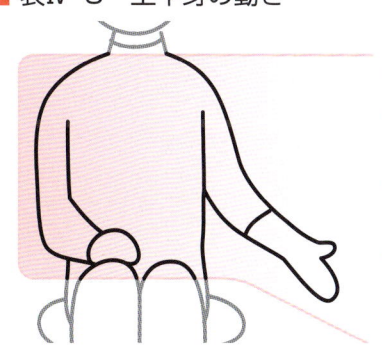

1．手の動き	：頻度（過剰，ほとんどない，ほどよい）
2．腕の動き	：動き（腕を組む，両手を広げた，自然な状態，頻回に動く，メモなどをとりながら　など）
3．ジェスチャー	：動き（オーバーに，ほとんどしない，会話と一致していない，適度）
4．姿　勢	：種類（うつむく，胸を張った，後ろに引いた，緊張した，リラックスした，頬杖をつく，背中を丸める，ポケットに手を入れたまま，膝の上に物を置いて　など）

理的なやりとりの記録をする場合，やりとりのプロセスの中で発言だけでなく，ヘルスケア・ワーカーの思考や感情，意図なども記録しておくことも心理面での事例研究を行うためには必要な場合がある．話を聴きながら記録をとろうとしても，十分に話を聴けずヘルスケア・ワーカー自身の体験を見つめることも不十分になってしまう（狩野 力八郎，2003）．

　また，クライエントは，ヘルスケア・ワーカーのメモや記録をとる行為を様々に受け止めるが，話を聴いてもらえていると捉えている場合と，十分に話を聴いてもらえないと捉える場合がある．

　メモや記録をとりながら話を聴いてくれることで，ヘルスケア・ワーカーが理解してくれているととらえる場合には，メモや記録に書いてもらえるような内容を話していこうとする場合もあり，クライエントが訴えたいことよりも，ヘルスケア・ワーカーが求めることを話していく傾向に陥る場合もある．

　メモや記録をとりながら話を聴く場合には，ヘルスケア・ワーカーはうつむきながら書くことになるため，そのときは一時的にクライエントから視線をはずすことになる．このことが及ぼす影響を考慮しておくことも必要になる場合もある．また，記録してほしくない内容があるかもしれないので，この点の確認も必要となる場合がある．

　一方，ヘルスケア・ワーカー側からみてみると，後で記録を書くことにとらわれ，クライエントの話に集中できない場合には，メモや記録をとりながら聴くことの方が望ましいかもしれない．

　腕を組む場合は，自己防衛を目的に行われやすい．漠然とした，あるいは明らかな不安や恐怖感，怒りを抱いている場合には，腕を身体の前で固く組みやすい．これに対し，相手は

これを威圧的、冷淡などの印象を抱きやすい（木戸幸聖，1983）．しかし，立位で長時間過ごしている場合には，疲労感のために腕を組む場合もある．その反対に，手を広げ相手に差し出す動作は，相手の発言を促したり，相手を受け入れるというメッセージを出している．逆に相手の話を止めたり，興奮して話しているのを落ち着けたりするときには，手を下に向け動かす動作をとることもある．また，クライエントと同じ手や姿勢などのしぐさを行うと，クライエントはポジティブな印象を受ける傾向がある（木戸幸聖，1983）．

ジェスチャーは相手に視覚的メッセージを送るすべての動作であり，目的を明確に意識化し意図的に行われる1次ジェスチャーと，意識しないで行われる偶然ジェスチャーの2種類がある（Morris，1977）．1次ジェスチャーは大きく7つに分類することができる：①偶発的（メッセージの送り手が意識的ではなく何らかのメッセージを伝えるもので，1人のときにも生じる），②表出（何らかの感情などを表現するもの），③模倣（人，もの，動作などを正確に真似た動作で，社会的・演技的・部分的・架空的模倣ジェスチャーが含まれる），④形式的（模倣ジェスチャーの簡略化，省略したもの），⑤象徴（気分や意見を表現する），⑥専門（特定の専門家間で用いられるもの），⑦コード化（手話などの体系化された信号で，たとえば電話をかけることを示すときに，手を耳のそばにおいて合図を送るなど）（Morris，1977）．

==ジェスチャー==も文化的な影響を強く受けており，同じ動作で異なることを意味する場合（多義ジェスチャー）や同じ意味を異なるジェスチャー（同義ジェスチャー）で表わす場合がある．イタリア語やインディッシュ語を話す人はジェスチャーが非常に多く，英語の話し手は手や腕の動きは少なく頭の動きが多い．この中間がアラブ人で，手の動きも頭の動きも多いという（Vargas，1986）．これらに比べると日本人は手の動きも頭の動きも少ない方かもしれない．感情表出を抑制することが美徳とされてきた文化であれば，当然のことでもある．しかし，いざジェスチャーをしないでコミュニケーションをとろうとすると，いかに意識しないでジェスチャーを行っているかが理解できる．一度，両手を自由に動かせないようにして（たとえば，指のない手袋をはめてみたり，握りこぶしをして）話をしてみるとよい．手に障害をもつ人のコミュニケーション・パターンや何らかの理由でジェスチャーを行わないようにしている状態が理解しやすいであろう．

==姿勢==は緊張，不安，警戒度などが現れやすいものである．たとえば，自信がなかったり，抑うつ的な状態であれば，うつむき加減になりがちである．逆に自信のあるときや過度に緊

姿勢は内面の状態，感情，社会的な力関係などが現れやすい

張しているときには，胸を張ったり，肩に力の入った力んだ姿勢をとりがちである．姿勢という"からだ"で自分を守っているのかもしれない．話の内容に興味がある場合には，前屈みの姿勢になり，興味のない場合には，後ろに引いた姿勢になりやすいだろう．加えて，姿勢は社会的な力関係にも深くかかわっている．メッセージの送り手が強調したい場合には，前屈みの姿勢で訴えることもある．リクライニング式の椅子であっても，相手に尊敬の念をもって接しなければならないと思っている場合には，背もたれに背中をつけてリラックスした姿勢をとらず，まっすぐの姿勢を保持したりする．相手に対する親しみや攻撃性，上に立ったり下に位置づけるなどを表し，対人関係の態度や感情を表している（竹内敏晴，1982）．姿勢も内面の状態が反映されており，自尊心が低い場合には，うつむきがちであったりする．こころとからだのバランスの表れとして理解できる1つでもあろう．コミュニケーションや特定の話題に対する"拒絶"を表わす姿勢には，はすに構える，頬杖をつく，背中を向ける，足を投げ出す，ポケットに手を突っ込むなどがみられ，不安や緊張状態では，膝の上に物を置いたり何かを腕に抱えていたりしがちである．心理的防衛度，コミュニケーションに対するオープン度，緊張度，自立と依存のバランス状態などが姿勢で表出されやすい（菅野 純，1987）．

　これらのことを逆の方向からとらえ，意識的に姿勢を変えてみることで感情を変化させることも可能である．緊張しているときに，力んでいる部分をリラックスしようとしたり，うつむき加減でいるのを背筋を伸ばしたりすることなどは日常生活で行われていることであろう．ヘルスケア・ワーカーは姿勢1つを変化することで，自分自身やクライエントの状態に影響を及ぼすことができる．Morris（1977）によると，友人同士はうちとけた会話をしていると，お互いがコピーしたように，よく似た姿勢をとるようになるという．これは姿勢の模倣ではなく，動作のリズムの速さの模倣であるためで，これによりお互いに距離感が縮小し，好感を抱き，理解してもらえていると感じやすくなる．これをクライエントとの間で行い，信頼関係の深まりを促進するような働きかけの1つとすることもできる．これは構造的家族療法のSalvador Minuchinのジョイニングにも共通したものでもある（p.106参照）．大切なことは自然でリラックスしたものであることであり（Evansら，1979），聴き手として話し手と互いに触れ合い，語りが「はいってくる」状態の姿勢（竹内敏晴，1982）を保つことも重要なことであろう．

4）下半身の動き：座りかたや足の動きなど（表Ⅳ-6参照）

■ 表Ⅳ-6　下半身の動き

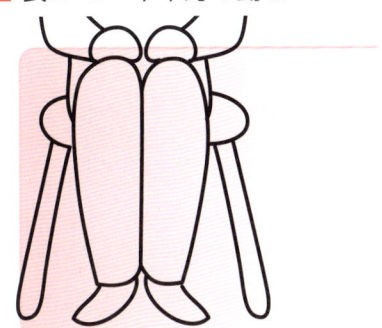

1. 体　位：座位，立位，しゃがみこむ，臥位
2. 位置関係：90度，180度，90〜180度，対面，テーブルなどを介して・介さないで
3. 脚の動き：脚を組む，組まない，膝を伸展した状態，両脚を揃えた，動きが多い
4. 履きもの：靴やスリッパを脱ぐか脱がないか

　体位と位置関係には，立ったままで会話をするのか，一方が立った状態でもう一方が座っているのか，あるいは両者とも座っているのか臥位でいるのかなど複数のコンビネーションが考えられる．これらには2者間の目の位置との関係が強く影響している．また，立った状態は座った状態よりも緊張度が高く（Mehrabian，1981），落ち着いて話をする場合には，短時間であっても座って行うことが望ましい．

　対象との位置関係を角度で考えると，90度（テーブルの角をはさんだような位置），180度（隣り合って座る場合，並列状態），90〜180度（斜面状態），対面（正面に向き合う場合）の間でみることができる．対面での正面で向き合った位置関係は，クライエントが視線をそらせにくくしたり，緊張度を高める場合があるため避けることが望ましい場合がある．これは，顔をまっすぐ前に向けた自然な体位で，その先に常にヘルスケア・ワーカーがいる状態では，視線をはずすためにはうつむいたり，からだの位置を換えたり，顔を上に向けるなどをしなければならないためである．図Ⅳ-1の90〜180度のような位置関係であれば，自由に視線を合わせたりはずしたりしやすい．また，2者間にテーブルや机をはさむかどうかも考慮する必要がある．

| 90度 | 180度 | 90〜180度 | 対面 |

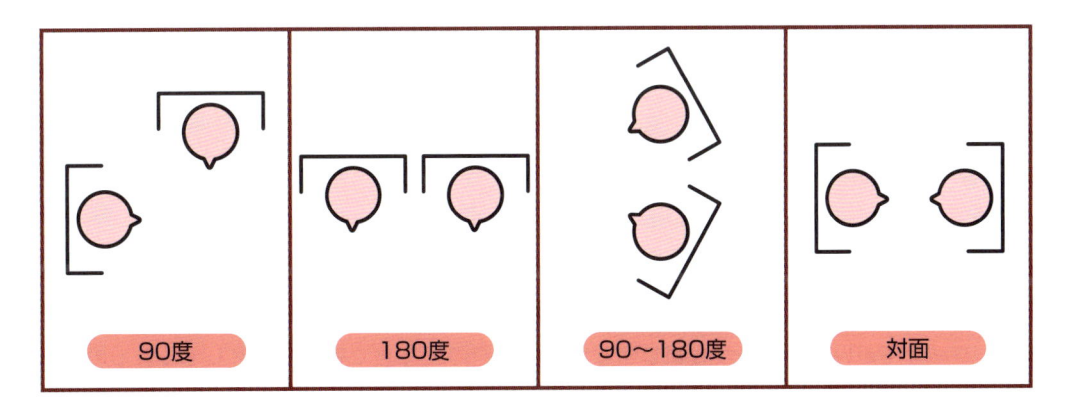

■ 図Ⅳ-1　体位と位置関係

<u>脚を組む</u>かどうかによっても受け手の印象は大きく異なる場合がある．日本でも脚を組むことが日常化しているが，社会的な地位の高い人の前で脚を組むことはあまりみられないであろう．脚を組むことは，一種の威圧感を感じさせる場合がある．Vargas（1986）は，ヨーロッパとアメリカの脚の組みかたの違いを述べている．ヨーロッパの男性は，膝の上にもう一方の膝を重ねるようにして脚を組むが，アメリカの男性やスラックスをはいた女性のなかには数字の4のように，片方の脚の膝の上に，もう一方の脚の下腿部や足首を乗せる傾向があるという．しかし文化によっては，相手に足の裏を見せることを侮辱行為として受け止める場合もある．また，靴を脱ぐことは日本人にとっては自然なことであるが，公的空間で靴を脱ぐことを性的な行為として受け止められたりする場合もある．外来などの誰が履いたかわからないスリッパを履くことへの抵抗の強い場合もあるが，それを率直に表現してくれない場合も決して少なくなく，後で「無理やりに靴を脱ぐように言われた」や「スリッパに絶対に履き換えるように言われた」と不満を訴えることもあるので，確認をとることが必要かもしれない．

　さらに，たとえば思春期のクライエントで両足をまっすぐに伸ばし，背もたれに全身をあずけている場合には，これと同じ姿勢をとることが効果的な場合もある．これは後述するジョイニングに含まれる．

5）パラランゲージ（口調・声の大きさ・話す速度・リズム・声の抑揚など）（表Ⅳ-7参照）

■ **表Ⅳ-7　パラランゲージ**

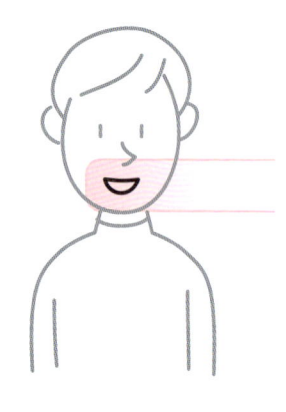

1. 声の調子や質	温かい，穏やかな，甘ったれた，拒絶的な，威圧的な，感情的な，冷静な，やさしい，怖い，緊張感のある・ない，金切り声，震えた，丸みのある，ざらついた，突き刺すような　など
2. 強弱	強い，弱い，力のない，力んだ，自然な
3. アクセント	強い，弱い，ない，適度，抑揚のある，平坦な　など
4. テンポ	速い，遅い，適度
5. 音量	大声，小声，か細い，力のない，心地よい
6. 声の流れ	スムーズ，つかえる，重々しく，軽快な，軽い，震えた，ろれつの回りにくい　など

　パラランゲージは，そのときの話し手の心理状態を強く反映するものである．会話の内容が理解できなくても，口調，声の大きさ，速度，明瞭さ，声の抑揚，アクセント，息づかいなどのパラランゲージで，喜んでいるのか，悲しんでいるのか，あるいは怒っているのかなどについて，かなり"知る"ことができる．ここで問題になるのが，いつも同じパラランゲージで対応してしまう点である．いつも明るくしていなくてはならないと思うヘルケケア・ワーカーがいると，いつも同じ明るい口調や声の大きさで病室に入室してくれるのでホッとするクライエントと，逆にその明るさを苦痛に感じるクライエントがいるということである．この場合，ヘルスケア・ワーカーの価値観に執着した行動をとっており，目の前にいるクライエントの状態を素早く察知して，それに適応したパラランゲージの用いかたではない場合

が多い.しかし,コンスタントでいつも変わりのない安定した状態は,クライエントに安心感と安定感を提供するものである.

　パラランゲージには,声の調子,強弱,アクセント,テンポ,音量などが含まれる(Vargas, 1986).声の調子には,甘ったれた/拒絶的な,感情的な/冷静な,強弱には,強い/弱い,力のない/力んだなど,アクセントには,あらゆる箇所でアクセントを強めたり全くアクセントがなかったりと,抑揚があるか平坦であるか,これらが適切であるか否か,テンポには,速い/遅い,音量には,大声/小声/か細い/力のない/心地よい,などが含まれる.

　インターネットでe-mailを用いたコミュニケーションは,ノンバーバル要素を含まない文章表現での言語的なやりとりである.それも,タイプされた均一のものである.しかし,ここで何らかの感情を含めたいときには,丸を使ったり線で言葉を伸ばしたりして感情を伝えようとする.これは,ノンバーバル・コミュニケーションでも音声に代わるものを用いて伝達しようとするものである.人は直接面と向かって会話をしているときには,あまり意識せずに音声を変えているが,文章を用いて間接的にメッセージのやりとりを行う場合は,音声に含まれるものも合わせて伝えようとする.

　また,相手に対し心地よい印象を提供できるように,最近ではボイス・トレーニングを受ける人が増加しているという.か細い声やしゃがれ声などの声のテクスチャー(鷲田清一,1999)をそのままとせず,トレーニングで耳あたりのよい魅力的な声に変わることで,話し手自身が自信を高めたり,そのときの状態や相手に合わせてパラランゲージをコントロールできるようにしていくことも今後は求められるかもしれない.対象や健康障害の状態などにかかわらずクライエントにとって話しやすく好印象を抱きやすい口調とは,エネルギーを失っているようなか細いものではなく,ゆっくりと穏やかで,十分な間をとりながら話されるものである(Rice, 1980).このようにあげてみると,当然のことと思われるものがほとんどであろうが,ときには意識して柔軟に使い分けることが求められる.

そのときの状態や相手に合わせたパラランゲージを意識する

6) パーソナル・スペース

　Hall(1966)の対人関係の距離における4つの分類は有名であるが,ヘルスケア・ワーカーにとって,クライエントだけでなく自分自身のプライバシーの尊重や対人関係の質に大き

な影響を与えるものとして，Hallの分類で特に念頭に置く必要のあるものに，親密なゾーン（0m〜約0.4m）とプライベート・ゾーン（約0.4m〜1.2m），そしてソーシャル・ゾーンでもインフォーマル・ゾーン（約1.2m〜2.2m）の3つがある．ヘルスケア・ワーカーは，頻回にクライエントのプライベートや親密なパーソナル・ゾーンに入り込んでケアを行う職業であるため，そのなかでほどよい距離をとりながらかかわっていく必要がある．目的に応じてこの距離は異なるが，クライエントの好みを把握して行われることも必要である．

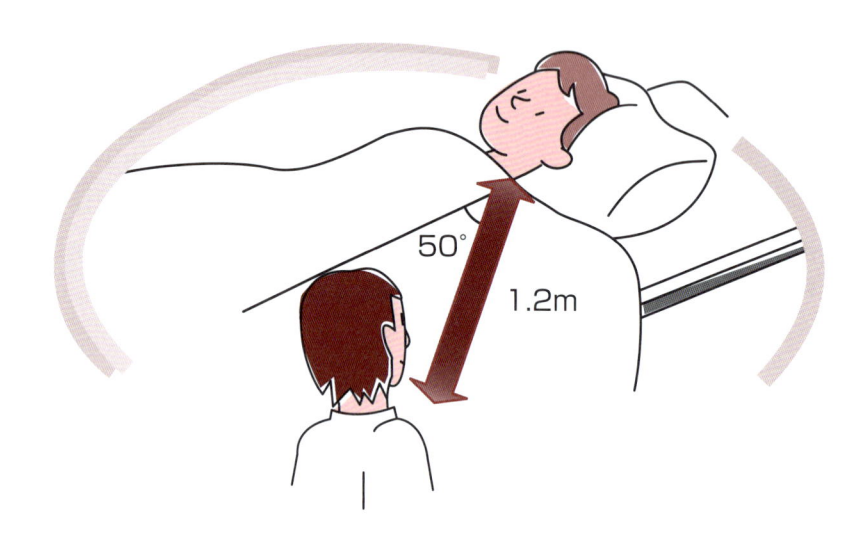

　他者との距離をどのようにとったり維持したりするかには，心理的要因や文化的要因が深くかかわっている．たとえば，対象に対しネガティブな感情を抱いていたり，自分自身が何らかの理由で他者との接触を避けたい場合には，パーソナル・スペースは広まる．これを文化的違いでみると，日本人はエレベーターのなかなどの狭い空間で他者と触れ合うことはさほど苦痛ではないが，向き合って話し合う場合にはパーソナル・スペースを広くとりがちであるという（21世紀研究会，2001）．一方，中部や北部のヨーロッパの人々や北米人は，パーソナル・スペースは日本人よりは短めであるが，狭い空間で他者と触れ合うことが避けられない場面では意識しないように天井を仰いだり，閉眼したりして対応するという（21世紀研究会，2001）．

　川口孝泰（1998）はベッドサイドでのクライエント-ナース間のスペースについて説明しているが，これはヘルスケア・ワーカーにとって必要であるベッドサイドに立つ位置の実験結果によるものである．これによると，臥位・座位ともにクライエントに対し50度の位置で，Hallのプライベート・ゾーンとインフォーマル・ゾーンの境の距離としての1.2m程度の距離がクライエントは最も心地よく感じるという．この点を意識しつつ，タッチング，アイコンタクト，身体の向きなどの他のノンバーバル行動との相互作用も意識して行動をとることが重要である（Patterson, 1983）．

　話し手も聴き手も座位の場合には，図Ⅳ-1（p.65参照）に示したように90〜180度の間で，互いに視線を自由に動かしかつ相手に視線を合わせるようにすると自然な位置で会話をもつことになり，互いにその時間や場面が活きてくるように思われる．

また，文化的背景や性別，パーソナリティ，精神障害の有無や種類，過去の経験や関係性や状況も大きく関与していることを忘れてはならない．この複雑なものの例としてPatterson (1983) は，Sussmanらの研究を引用している．アメリカの留学生で日本人とベネズエラ人を比較すると，母国語で話すときは，日本人は比較的離れて座るが，英語で話すときには接近して話し，ベネズエラ人は日本人とは逆のパターンをとるという．これらのことから，一般的な知識をもつことは重要であるが，それをスタンダードとしてしまわないことが重要であり，ノンバーバル行動の複雑さを示している．

7) 沈黙

　沈黙 (silence) は，"無言でいること"であり，コミュニケーションにおける自然な現象で，何らかの表現を意図的に制限するものである．Picard (1948) は沈黙は"決して消極的なものではなく，積極的なものの1つである"と指摘しているように，沈黙は単に言葉で話をしないということではなく，また沈黙の間で両者ともに様々な感情や考えを働かせる状態になりやすく，パワフルなコミュニケーションの1つである．メッセージの送り手，受け手ともに誤解を抱いたり，一方的なとらえかたをしてしまう可能性もある．沈黙には，数多くの要素〔メッセージの送り手と受け手（これは単独から複数まで）のパーソナリティ，感情，相互作用，互いに対する関心度，場所，時間，文化的背景などや，これらの相互作用〕が影響し，これらの要素は"沈黙"によるメッセージを解読するにあたり大きな影響を及ぼす．

　これらの要素を含んだ沈黙を，Vargas (1986) は大きく2種類に分類している．1つは"バーバル・コミュニケーションに付随するもの"で，もう1つは"バーバル・コミュニケーションとは無関係なもの"である．

　バーバル・コミュニケーションに付随するものには，まず"文法上のつながり (junction)"，たとえば，「おしょくじけん」を「おしょく　じけん」は「汚職事件」になり，「おしょくじ　けん」は「お食事券」と，全く異なった言葉になる．次に，言葉を区切り強調し，メッセージの受け手にメッセージの内容が浸透するようにする目的をもつ"間"としての沈黙は，他のノンバーバル・コミュニケーション（表情，ジェスチャー，視線，眼の動き，姿勢など）のために，気づきにくい．そして，メッセージの内容，メッセージの送り手の自発性の程度や緊張度により生じる"口ごもり"がある．これら3つのことのために，じっくりと話を聴く

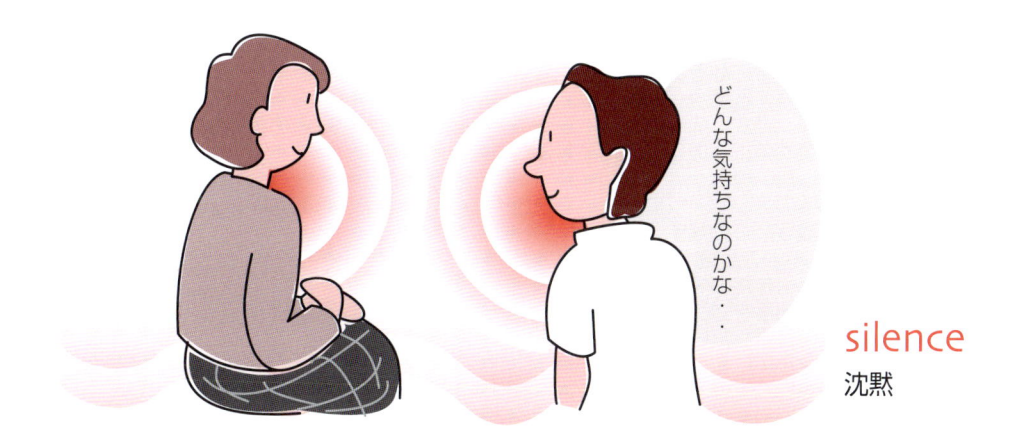

silence
沈黙

ことが求められる．

　一方，バーバル・コミュニケーションと上記のような関係ではない沈黙には多くの意味が含まれている．沈黙は苦手だと思う人は決して少なくないが，それは，沈黙をもたずに常に言葉のやりとりが行われていることが望ましいことであるととらえていたり，沈黙をコミュニケーションの拒絶ととらえていたり，といったそれぞれのとらえ方が影響しているからかもしれない．表Ⅳ-8に様々な沈黙の意味を，Vargas（1986）とIshii & Bruneau（1988）を参考にあげた．言葉でのやりとりを続けていなくても，何を伝えるか迷っていたり（2），話し合っている内容などについて考えていたり（9），あるいは恥ずかしくて言えなかったり（6），愚かだと思われるのではないかと不安や危険を抱いていたり（7），話すことを拒否していたり（5），逆に言葉で表現することがない場合（3や4）などいくつもの可能性がある．コミュニケーションが営まれる場の特殊性から生じる場合もある（8）．これらは大きく2つに区分できるかもしれない：コミュニケーションを回避しているのか，あるいはコミュニケーションに関与しているのか．社会的マナーによる沈黙は回避ではなく，コミュニケーションに関与しているものといえるだろう．加えて，沈黙に関連する要素には，沈黙の持続時間，沈黙前からのプロセス（Samovarら，1981）などが含まれ，沈黙の適切さが判断できる（図Ⅳ-2参照）．

　また，文化によっては，「沈黙」というコミュニケーションが社会的マナーとして求められることがあり，これらの違いを明確に理解しておくことが求められる．たとえば，Vargas（1986）によると，中央アフリカ共和国のグベア族では，見舞のときも沈黙を保つという．面会者が話さなければ，病人も話さなくてよく，余計なエネルギーを消費せずにすむという思いやりと愛情による沈黙であるという．Ishii & Bruneau（1988）は日本とアメリカにおけ

■ **表Ⅳ-8　沈黙の意味** (Vargas, 1987；Ishii & Bruneau, 1988を参考に)

1. 伝達したいことが何もない場合
2. 何を伝えるか迷っている場合
3. 言葉を失っている場合：これには通常強い感情的・情動的反応が生じているため（強い怒りや，最善を尽くして負けた場合，深く愛し合って過ごす時間を共有しているとき，深い悲しみ　など）
4. 愛情が満足感に満たされており，言語的にメッセージを伝える必要のない場合
5. 憎しみや拒絶のために，話すことを拒否している場合
6. 恥ずかしくて言えない，内気，自信のない場合
7. 愚かな，ばかなことを言ってしまうのではないか，無知をさらけ出し笑い者になるような不安や危険を感じる場合
8. 敬意を表する場合（場や対象に対し）
結婚式，葬式，病院の面会，寺や神社，教会，図書館などの特殊な場などでの沈黙や，権威者や年上，あるいは相手を尊敬したり敬う場合
9. 集中したい場合
送り手のメッセージに集中して聴き，聴いた内容を理解し判断しようとしている場合や，気が散ったり動揺するものを排除したい場合
10. 1人になりたい場合
11. 注意を引きたい場合
12. 会話や相手をコントロールしたい場合
13. 自分を保護したい場合
14. 何かを相手に教育したい場合
15. 会話を営んでいるもの以外の第三者に焦点を当てる場合
16. 葛藤状態や緊張状態をニュートラルにしたい場合

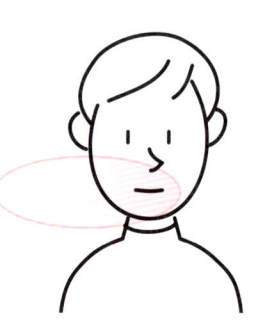

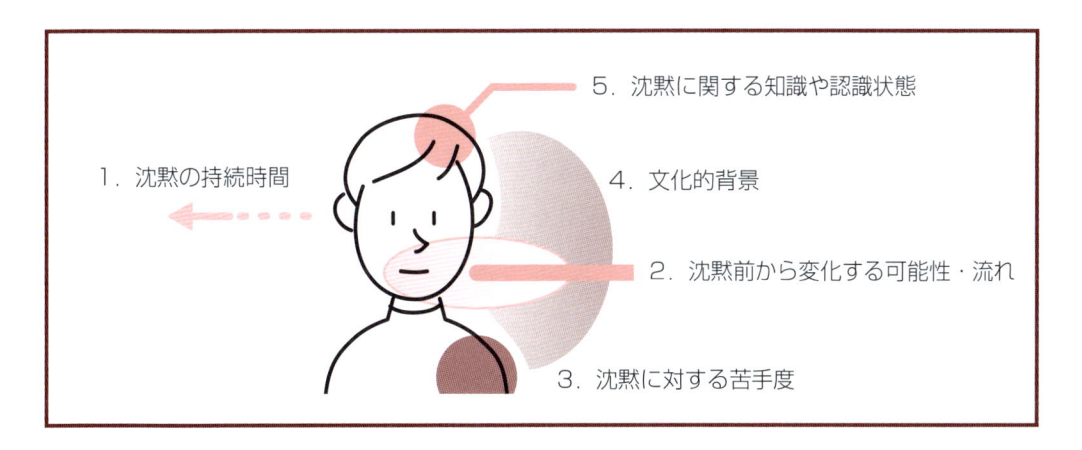

図中ラベル：
1. 沈黙の持続時間
2. 沈黙前から変化する可能性・流れ
3. 沈黙に対する苦手度
4. 文化的背景
5. 沈黙に関する知識や認識状態

■ 図Ⅳ-2　沈黙の関連要素

る沈黙の違いを述べているが，沈黙がネガティブで社会的には望ましくないものととらえられる場合と，"沈黙は金なり"の諺のように尊敬される行動であったり，余計なことを発言するよりも沈黙を保った方が望ましいとされる文化もある．アメリカのように自己表現を重要視する文化では，沈黙はネガティブにとらえられる傾向が強く，一方日本では，慎み深さや形式を重んじており，沈黙が美徳とされる文化といえる．フランスでは沈黙は同意のサインとしてとらえられるという（21世紀研究会，2001）．沈黙を苦手とする人は多いが，沈黙には数多くの要素が影響し，その意味も多様であることを理解し，クライエントにとっての意味を理解することに集中することが必要である．

8）タッチング

　タッチングは人間のみならず動物にとっても生存や心身の発達において不可欠な行為であり（Montagu，1971），肌と肌の触れ合いにより子どもは育つ力を育み，母親は育てる力を育てるともいわれる（山下柚実，2002）．五感のなかでも最も基本的なものであるが，"タッチング"という触れられることを通し，安心感や信頼感を体験したり，触れることで世界を広げたりして成長していく働きをもつためである．また，タッチングは最も早く発達する感覚で，相互性をもっている．というのも，自分でくすぐってもくすぐったい感じを体験することはないが，他者からくすぐられることでくすぐったさを感じる（高崎絹子，1979）．Harlow & Zimmermann（1959）の乳児のサルとタッチングの実験*は有名であり，成長におけるタッチングの不可欠さを示したものである．

*生後間もないサルの実験で，ケージの中に代理母親として「針金の母親」と「布の母親」を置くと，「布の母親」にくっついて1日のほとんどを過ごし，驚いたり恐怖感を抱くような場面でも「布の母親」にしがみつく結果が出ている．これは発達における身体的接触の重要性を示している．

　タッチングは手や指，あるいは身体の一部で触れるという行為で全身の皮膚を通して感じるものであるが，触れる場合は指先が一番発達している（Montagu，1971）．指先を含めた手を動かすことは随意運動であり，単に仕事をする物質的機能だけでなく，手の動きを通して自分の内面を表現したり，相手に伝える心理的機能をもっている（吉田時子，1976）．触れ

合うことには，親しさや対人関係の距離の度合いが示され，「触れないで！」とタッチングされることを拒絶する場合には，コミュニケーションの拒絶とも理解することもできる（山下柚実，2002）．ヘルスケア・ワーカーは，クライエントに直接触れることが多い職種であり，一方では，意識せずに用いてしまうことでクライエントのプライバシーに入り込みすぎてしまい，一種の乱用につながる危険性をもつ．それと同時に，効果的に用いることで，信頼関係が深まったりするきっかけとなったり，タッチングを通して思いや感情の伝達がしやすい場合もある．

(1) 種類

タッチングには，"軽く触れる"，"なでる・軽くさする"，"軽くたたく"，"しっかり握る"，"強くたたく"，"強く握る"，"抱擁"などのいくつもの種類がある．これらの種類だけでなく，タッチングしている持続時間や触れている部位などもタッチングを受ける側の体験に大きな影響を及ぼす．また，"ふれる"と"さわる"も異なり，前者は身体的コンタクトを介した触れ合いであり，後者はさわる側がさわられる側への一方的侵入と捉えることができる．

タッチング・プロセス（図Ⅳ-3参照）

タッチング行為には，大きく3つの段階が含まれる．"入り込み（entering）"，"結びつき（connecting）"（Estabrooks & Morse, 1992），そして"クロージャー（closure）"（五十嵐透子，2000）である．また，プロセス全体を通し"非言語的合図（キュー：cueing）"（Estabrooks & Morse, 1992）が必要である．後述の関連要因とも関係しているが，タッチングは受け手のパーソナル・スペースに入り込むだけでなく受け手の身体に直接触れるため，他のノンバーバル行動以上に開始時の"入り込み"は重要であり，かつ終了時の"クロージャー"も当然重要となる．提供者が何らかの合図なしに突然タッチングを終了すると，受け手は不安感と取り残されたあるいは見捨てられたという疑念を抱く場合がある．加えて，提供者は"クロージャー（closure）"を念頭に，受け手に対しクロージャーのバーバルあるいはノンバーバルなキューを送り終了することが必要である．

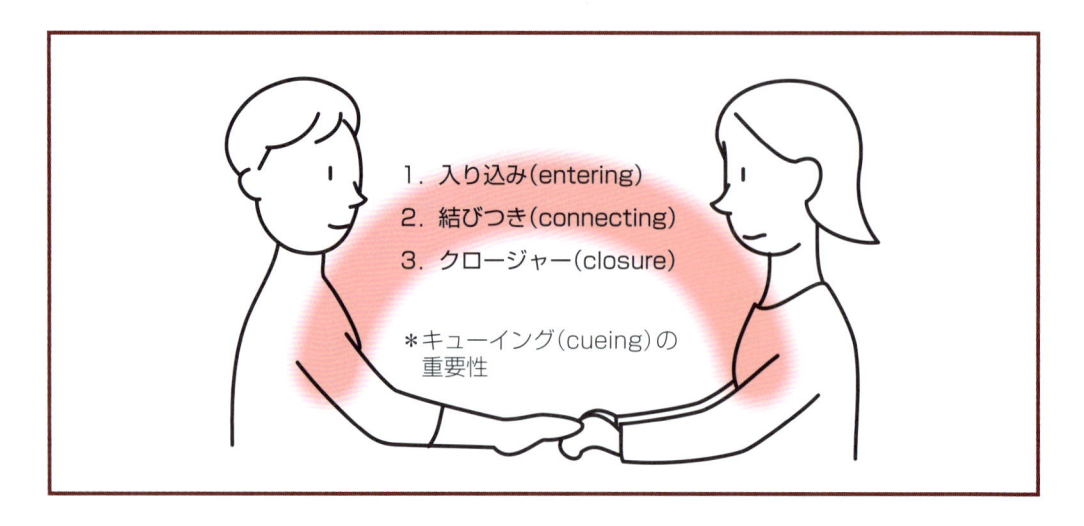

■ 図Ⅳ-3　タッチングのプロセス

（2）関連する要因

表Ⅳ-9にタッチングに関連した11の要素をあげてある．これらはタッチングを行うさいの留意点でもある．最初の6つはWeiss（1979）により，残り5つは筆者がタッチング研究から加えたものである（五十嵐透子，2000）．

■ **表Ⅳ-9　タッチングの関連要素**（Weiss, 1979；五十嵐透子, 2000を参考に）

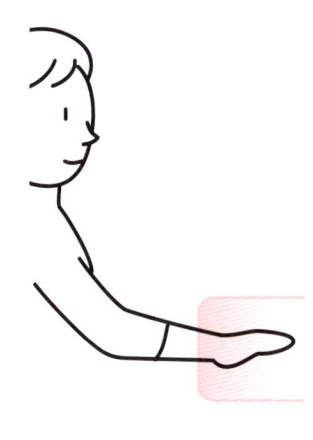

種類　軽く触れる，なでる，軽くさわる，軽くたたく，しっかり握る，強くたたく，強く握る，偶然に触れる　など

1. **持続時間**　短すぎる，長すぎる，適度
2. **タッチしている部位と受け手と提供者の性別と社会的地位の違い**
3. **タッチング行為前後の動作**　突然，躊躇しながら，自然な
4. **強度**　弱い，強い，中等度，深い，浅い，感じないくらいに
5. **頻度**　なし，ほとんどない，中等度，頻回に
6. **感覚**　冷たい，抑えられるような，なでる，しっかりとした，心地よい，温かい，守られている，結びついている，威圧的な，不自然な　など
7. **タッチしている手の広さ**　指先だけ，手の一部，手のひら全体
8. **タッチングの受け手と提供者の身体的距離**
9. **タッチング中の他のノンバーバル行動**　視線，表情，顔の位置や向き　など
10. **受け手と提供者の体位**　不自然な，無理をして，良肢位
11. **入り込み**　受け手の視野の中あるいは同意を得てからの実施
　　　　　　　　突然の実施
　　　　　　　　背後からの実施

　タッチングが短すぎたり長すぎたりしても，タッチングに対する受け手のとらえかたは異なる．タッチングする部位は，社会的ゾーンと呼ばれる誤解や不快感が生じにくい部位で，腕，手，肩，足，背中，前額部，手首（Routassalo, 1996）が含まれる．タッチングの提供者が女性で，受け手が男性の場合には，手首と手を，受け手が女性の場合には背中，手首，手を最も頻回に触れる．指や足首，膝，顔面や頭部は最もタッチしない部位であり，肩はタッチングしがちな部位であるが，最も不快に感じる部位である．一方，手や腕，背中上部は最も心地よく感じやすい部位である（表Ⅳ-10参照）．

　クライエントのプライベートな領域に侵入して行うタッチング行為であることを意識し，不必要な侵入を行わないようにすることが必要である．また子どもたちをはじめとして，頭をなでる行為をとることがあるが，たとえばタイなどの特定の宗教圏では頭を神聖な場所としており他者が触れる行為を許さない場合もある．医療の場では通常の場面ではとりにくい行為でもつい行ってしまうかもしれないので，このような文化的違いの把握も必要である．

　タッチング行為前後の動作は，コミュニケーションがプロセスであるので，その流れに沿って自然に行われる必要がある．勢いよくたたくかのようにタッチすればエネルギーを受け

■ **表Ⅳ-10　タッチングの部位と受け手と提供者の性別の関係，受けとめ方の違い**
（Nguyenら，1975；Routassalo，1996を参考に）

社会的ゾーン	腕・手・肩・足・背中・前額部・手首
女性から男性へ	手首・手
女性から女性へ	背中・手首・手
タッチングの頻度が多く心地よく感じる部位	手・腕・背中上部
タッチングの頻度が多いが不快な部位	肩
女性	どこに触れられたのか，気持ちよさや思いやり，愛情や温かさ
男性	どのように触れられたのか，性的心地よさ

手にぶつけすぎてしまい，効果的ではないだろうし，ゆっくりと少しずつタッチしていくように慎重に行いすぎても不快感や不信感を抱くことにつながりやすくなる．また持続時間とも関連しているが，どのようにタッチしている手を受け手の身体から離すかというクロージャーを適切に行うことも重要である．

　タッチングの強度は，強い・中くらい・弱い，深い・浅い，あるいは感じないくらいになど，皮膚を通した受け手の感じかたと関連している．常に同じ強度ではなく，そのときの提供者の伝えるメッセージの内容，目的，関係性，行われる場所などにより異なる．タッチングの種類に焦点を当てた恋愛関係における研究（Nguyenら，1975）で，4種類のタッチング行為（なでる・しっかり握る・軽くたたく・偶然に触れる）とそれらの効果の関係においては，女性はタッチングの部位に（どこに触れられたか），男性はタッチングのされかた（どのように触れられたか＝タッチングの種類）に焦点を向ける傾向が示唆されている．また，女性の受け止めかたは「気持ちのよさや思いやり，愛情や温かさ」であるのに対し，男性は「性的心地よさ」を感じやすい傾向のあることがみとめられている．これは恋愛関係におけるタッチング行為であるため，医療場面で直接当てはまるものではないかもしれないが，タッチングの受け手にとって送り手の意図がスムーズに伝わらない可能性があることが示唆され，この点を十分に考慮して実施すべき行為といえる．

　タッチングの頻度は評価基準の設定により異なり（例えば，1時間に，あるいは1日に，1つのケアのなかで何度タッチングを行うか），多すぎるとか少なすぎるという評価は様々である．また受け手の体調や状態に応じても異なってくる．一方，どのような受け手であっても，頻回にタッチング行為を行うヘルスケア・ワーカーと，あまり行わないヘルスケア・ワーカーがいる．自分自身のタッチングの傾向を意識し過剰な頻度で行いすぎていないか，あるいはその逆であるのかを理解して対応していく必要がある．また，筆者の看護学生を対象にしたタッチング研究の結果であるが，タッチングをされる側，タッチングをする側，あるいは両者ともに約30％が何らかの抵抗を抱いている結果を得ている（五十嵐透子，2000）．クライエントのタッチングに対する個別的嗜好を考慮して行う必要のあることを裏づけるもので，する側でも受ける側でも何らかのネガティブな感覚や嗜好をもっていることを考慮して行う必要がある．

<mark>タッチングの最中や終了直後の感覚</mark>も，重要な要素である．受け手の反応だけでなく，提供者自身のタッチングした手の感触や感覚を敏感にとらえ，効果を判断することもできる．提供者の指と手のひら全体を使ってタッチングする場合には，受け手は結びつきや温かさを体験するが，手の一部あるいは指先だけでタッチングした場合には，受け手は提供者のケアに対する目的や意図の不十分さや不確かさを体験することになりやすい．これは高崎絹子（1979）が祈りのポーズの安定性を指摘していることと関連しているように思われる．祈りのポーズは，閉眼し両手を合わせるが，これは触れる手と触れられる手をピッタリと密着させることで，2つの異なるものの区別をなくし，その結果として自己の安定や統一化が得られるからであろうと考えられている．タッチングも同様に，提供者と受け手の間の触れる・触れられる関係でピッタリと受け手の身体に提供者の手のひらを密着することで，安定性が生まれると考えられる．これは手のひらの向きからも大きな影響を受ける（春木　豊，1987）．通常は，手のひらを下にしてタッチングは行われるが，手のひらを下に向けることは，内面の動きを内側に閉じ込める傾向をもち，逆に手のひらを上に向けると解放的になる傾向をもつ．

　<mark>受け手のパーソナル・スペースを尊重すること</mark>も大切である．受け手の身体に触れるために，提供者は受け手のプライベート・ゾーンに侵入している状態ではあっても，受け手のパーソナル・スペースを尊重し，決して侵入しすぎないことが必要である．しかし，これは決して一定の距離として定義できるものではなく，両者間の関係や性別の違い，クライエントの状態などの影響を受けることを考慮する必要がある．

　<mark>タッチング以外のノンバーバル・コミュニケーション</mark>（たとえば，視線，表情，顔の位置など）も強くタッチング行為の質決定に影響している．タッチングと他のノンバーバル・コミュニケーションとのバランスや一致度は，受け手のタッチングに対する受け止めかたに強く影響を及ぼすといえる．

　提供者および受け手ともに，良肢位の保持が必要である．何かを手に持ってタッチングを行えば，提供者は不十分なタッチングとなり，一方受け手は提供者のコミットメントの不十分さや不安定さを感じやすくなる．また提供者および受け手とも良肢位の保持が望ましい．医療場面でよく見られることに，検温などでベッドサイドに行ったときに，一方の腕に

は検温表をはさんだボードを抱え，もう一方の手で脈拍測定を行い，さっと測定していた手を離す場面がある．ボードをベッド上にでも置かせてもらい，姿勢をクライエントに向けた状態で，一方の手で脈拍測定をしながら，もう一方の手でそのクライエントの手をサポートするように軽く包み込み，測定後はクライエントの体位に合わせて良肢位に戻すまでを2つの手で行う．こうすればヘルスケア・ワーカーのクライエントを大切にしている思いが表れており，大切にされていることをノンバーバル・レベルでクライエントの感覚を通し体験してもらえることにつながる．信頼関係はこのような行動1つからも築くことが可能である．

この点は，近年の電子カルテ導入に伴い，入力端末とともに移動し，クライエントよりもコンピューター画面に向きやすくなったり，入力端末を保持しながらのケアの実施に伴う場合のノンバーバル行動も，1度考えておくことが必要かもしれない．

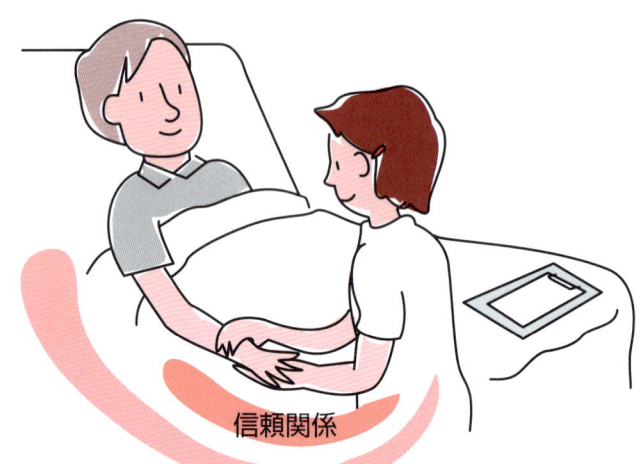

信頼関係

ノンバーバル・レベルでの表現

受け手の視野のなかで行うようにする配慮も必要である．受け手の視野の外から提供者がタッチングを行うと，受け手は驚き，不快感，あるいは不満感を感じやすい．受け手の視野の外から突然タッチングされることは，視野の外から突然名前を呼ばれ驚く状態に類似していると思われる．特にプライベート・ゾーンであるクライエントの身体の一部に触れることになるため，まず受け手の視野に入り，その他のノンバーバル行動や言葉で受け手の許可を得た後にタッチングを行うことが必要である．これは，タッチングがコミュニケーションの1つであり，受け手のコントロール感覚とパーソナル・スペースを尊重してコミュニケートする必要性への示唆と考えられる．これは，Estabrooks & Morse (1992) のタッチング理論の"入り込み (entering)"の必要性を支持しているといえる．また，特に直接肌に触れる場合には，手の"温度"も重要な要素となる．

3つの因子の相互性：これらの要素は効果的なタッチングを提供するのに必ずしも常に必要ではなく，そのときの状態，クライエントとの関係，タッチングの意味や目的などに大きく影響を受け，タッチングに関与する3つの因子（クライエント側，ヘルスケア・ワーカー側，タッチングの場面や状況）(Estabrooks, 1989) の相互性により異なる．通常の関係では許されることのないプライベートな位置に入り込んで行うことへの十分な配慮が必要である．また，ポジティブにもネガティブにもなる効果をもつノンバーバル行動であることを念頭に置いておくことが必要である．タッチングには"親密さ"と"力関係"が関与しているため (Friedman, 1979)，親密さが誤解されて受け止められる可能性のあることや，通常，

力関係においては力の弱い人から強い人に対してタッチングは行われず，タッチングをする行為自体が2者の間での上下関係をつくり上げる可能性のあることを理解しておく必要がある．加えて文化的な違いとして，日本人やイギリス人は身体的接触は少なく，アフリカ人やアラブ系の人々は多いこと（Argyle, 1972）も理解しておくことも必要である．

マッサージ効果：タッチングは本書ではコミュニケーション・スキルの1つとして位置づけているが，サイコセラピーの1つにマッサージ・セラピー（massage therapy）があり，カイロプラクターや理学療法士と共同で行うことにより，未熟児や薬物依存，HIV感染などの新生児や妊産婦，精神障害（自閉症・PTSD・摂食障害，抑うつ状態など），慢性疲労性症候群，様々な疼痛緩和（出産・火傷・術後・リウマチ・腰痛・片頭痛など），自己免疫疾患（糖尿病や喘息など），免疫系疾患（乳がんやHIV感染など）などの様々な健康障害への直接的なタッチングやマッサージ効果が報告されている（Filed, 1998）．看護領域では，ヨガや中国民間療法のように，直接的な身体的接触をしないで行われるものがある（Krieger, 1975；Kriegerら，1979；Quinn, 1984；Turnerら，1998）．これは，過剰なエネルギーが不健康な状態をつくりだし，これが健康障害と関連しているため，そのエネルギーのバランスを是正するセラピューティック・タッチング（therapeutic touching）を用いるもので，治療的効果として，不安の軽減や疼痛緩和，免疫機能の促進効果などが得られている．

9）その他〔外見，歩きかた（移動のしかた），時間に対するとらえかた，環境設定など〕

これには，清潔さ，衣類の着こなしや衣類の種類，アクセサリーなどが含まれる．また，会話をもつ環境設定も含まれる．

外見により受ける印象は著しく大きい．一段高いところからクライエントに接したり，プロとして不適切な衣類や化粧，髪の状態であれば，ネガティブな印象を与えてしまう．同様にヘルスケア・ワーカーも，外見からクライエントを一方的に決めつけてしまう危険性を含めている．重症な人に面会するときに抑うつ的になるのを防ぐために，明るい衣類を着用して来た面会者がいるとしよう．「派手な格好をして！」と否定的にとらえてしまうことがないだろうか．クライエント自身の場合でも，日中に病衣を着用するのを拒否し，ネクタイをして過ごしたい人がいるかもしれないのである（菅野 純, 1987）．

歩きかた（移動のしかた）からも，数多くのメッセージが提供されている．よくクライエントから「看護師さんはいつも忙しそうに動いているね」と聞く．確かに多忙であるが，この言葉の背景には「大変だね」というものもあるが，多くは「話しかけにくい」という本音が含まれている可能性もある．毎日の多忙な勤務に追われてしまい，意識せずにクライエントを遠のかせてしまっていないだろうか．この移動のしかた1つを変化させることでクライエントとの関係に大きな影響を及ぼすことができるであろう．もしクライエントから「忙しそうですね」と言われたら，ヘルスケア・ワーカー自身の動きでクライエントを拒絶している可能性のあることとして，自分自身の移動のしかたを見直してみる必要があるかもしれない．

時間に対するとらえかたとは，過去・現在・未来のどこを重要視するかということで，時間の使いかたにも影響を及ぼす．クライエントの時間に関する価値観を理解しておくことは重要である．また，クライエント1人ひとりのもつ時間の感覚と，健康障害の種類によって

影響を受けた時間の感覚との違いなども配慮する必要のあることである．これを木村 敏（2000）は，測定可能な前後の順序や間隔の違いなどの客観的時間ではなく，"内的時間意識"としてその人が意識した瞬間に体験される個人的で主観的な時間と指摘している．加えて，日本人特有の時間のとらえかたとして日本語の"タイミング"の日常的な用いられ方を例にあげ，客観的時間だけでなく，出来事としての時間や"いま−この"瞬間に実存していることの表現として用いられていることを指摘している．このような時間のとらえかたにおいては，ゆったりとした時間をもつ人にいらつきを抱かないようにしてくこと，クライエント自身の時間の感覚を尊重することも重要なことである．さらに，アポイントメントの意味も時間に対するとらえかたと考えることができる．「また明日！」と言うことがあるが，その言葉を言ってくれたヘルスケア・ワーカーを心待ちにしている場合も多い．また，病院などの医療機関では予約制になっている場合が多いが，予約時間に間に合うように受診したり検査を受けるようにしても，その時間どおりに進まないことが決して少なくないであろう．ヘルスケア・ワーカーにとってはたいしたことでなくても，待つ立場になるクライエントにとっては時間に対するとらえかたが異なる場合がある．

　環境設定には，どのような場面で会話をもつのか，家具やレイアウト，室温や照明，色彩設計（Minardi & Riley, 1997），においや換気（川口孝泰, 1998）など医療機関特有の配慮が求められる数多くのものが含まれる．山下柚実（2002）は，近年のにおいへの否定的なとらえかたと香りブームそして無臭化と対人関係を結びつけ，においの拒絶は自分と異なるにおいをもつ他者の拒絶につながりやすく，対人関係の希薄さにも影響を及ぼすと指摘している．例えば，病院の環境において，健康障害のために発生するにおいと心地よい入院や受診環境との接点は，会話をもつ"場"ごとに異なるといえるかもしれない．

　ベッドサイドでコンタクトをとる場合には，前述のようなクライエントとの位置関係や距離のとりかた，周囲の人的・物的状況に配慮して，プライバシーが保てるような設定が必要となる．これは個室と多床室でも異なり，多床室でも他クライエントの身体状態や関係性などにも大きく影響を受ける．一方，デイルームや廊下などのパブリック・スペースで会話をもつ場合と面接室に移動して行う場合にも，それぞれの環境に配慮して心地よい環境で会話がもてるようにしていく必要がある．面接室の場合には，クライエントとの間にテーブルや机を置くのか，椅子の位置などの家具の配置や照明，室温，周囲から聞こえてくる騒音などに配慮する必要がある．これは近年の携帯電話の着信メロディーやヘッドフォンを通して音楽を聴いたりといったように，耳をそばだてなくても身近で聞こえてくる様々な種類や大きさの音のなかで生活している人たちであっても，医療の場では小さな音でも気になったりする場合は決して少なくないことへの配慮といえる．

　表情よりも手，手よりも姿勢，姿勢よりも下肢というように，顔から遠ざかるほど，意識的にコントロールされにくい（Morris, 1977）ことを念頭に，自分自身のノンバーバル行動を見つめてみることが必要である．

　以上に述べてきたことを踏まえて，表Ⅳ-11にエクササイズの例をあげた．通常行われているように会話をまず行ってみて，その後それぞれの要素を行ってみると，ノンバーバル行為とノンバーバル・コミュニケーションを学べるように思われる．

表IV-11 ノンバーバル・コミュニケーション・エクササイズ

目的 それぞれの状態を実際に体験し，
- 自分のノンバーバル行動の傾向を意識化する
- それぞれのノンバーバル行動で体験する感情や感覚を意識化する
- クライエント役の人からフィードバックを得る
- 適切と思われるノンバーバル行動を学習する
- 観察者からフィードバックを得る

ペア（クライエント役とヘルスケア・ワーカー役）と観察者になって行う

クライエント役／ヘルスケア・ワーカー役

まず最初に自分が通常行っているようにしてみる．その後でそれぞれを実施してみる．

表情 クライエント役の人がさまざまな表情をノンバーバルあるいはバーバル的に表現してもらい，それに対し表情で対応してみる

1) 無表情あるいは表情を変えずにいる
2) クライエントの表現した感情に合わせ，表情で対応してみる
3) クライエントの表現した感情とは異なる表情で対応してみる

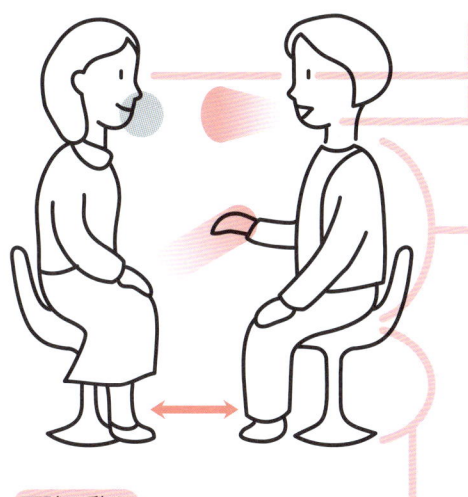

頸部の動き
1) クライエントの話に対し，全くうなずかない
2) 適度にうなずく
3) 過剰にうなずいてみる

アイコンタクト
1) クライエントと視線を全く合わせないで会話をもつ
2) 適度なアイコンタクトをとる
3) じっと見つめる
4) まばたきを頻回に行ってみる

上肢の動き

手の動きとジェスチャー
1) 両手を動かさずジェスチャーも行わないで，膝の上などに置いたままの状態で聴く（手を普通にした状態・握り拳など）
2) 通常の手の動きで行ってみる

腕の動き
1) 腕を組んで話しを聴く
2) 腕だけの動きで，クライエントを受け止めるような気持ちを表現した状態で聴いてみる

姿勢
1) 前屈み
2) うつむき加減や背中を丸めた状態
3) 胸を張った状態
4) 緊張して肩に力が入った状態
5) 椅子に浅く腰掛けた状態
6) 椅子の背もたれに背中を付けてリラックスした状態

下肢の動き

体位
1) クライエントが座位あるいは臥位で，ヘルスケア・ワーカー役は立位
2) 両者ともに立位
3) 両者ともに座位

座る位置
1) 180度の対面で位置関係をとる・横に並んだ位置関係
2) 90〜180度の位置関係をとる
3) 90度以下の位置関係をとる
4) テーブルをはさんで座る
5) 外来の診察中にみられるような一方がメモを記載しながら行う

脚
1) 脚を組む
2) 脚を組まない

身長の違い
1) クライエント役の人にベッド上に臥床してもらい，長身の人と小柄な人に別々にベッドサイドで立位と座位で会話をもつ
2) 身長から受ける印象の違いを体験したり，観察し，違いを体験する

パラランゲージ

1) 声の調子：甘ったれた，拒絶的な，感情的な，冷静な など
2) 強弱：強く，弱く，力のないか細い，力んだ など
3) アクセント：声の抑揚をつけない平坦な，様々な箇所で抑揚をつける
4) テンポ：早口で，ゆっくりと，通常の自分の話す速度で

これらを1つずつ，あるいはまとめて行ってみる

パーソナル・スペース

40cm以下，40cm～1.2m，1.2m以上のそれぞれの位置関係で会話をもつ

沈黙

1) 会話のなかで沈黙場面がみられた場合に，すぐに話そうとせずに，沈黙の意味を考えてみる
2) 自分の沈黙に対する傾向を把握する

タッチング

1) 持続時間：
   さっと触れるだけ，しばらくタッチングをしてみる
2) 部位：
   腕・手・背中の上部・肩・前額部などの社会的ゾーンと，頭部・足首や脚・顔面などのプライベート・ゾーンにタッチングをしてみる
3) タッチング前後の動作：
   勢いよく，静かに，恐る恐る触れてみる
   終了時も，突然タッチングしている手を離す，手を離す合図をする（手の一部はクライエントの身体に付けたまま，指先などを軽く動かし，終了を合図する），合図をしないで静かに手を離す など
4) 強度：
   強く，中等度に，弱く，感じないくらいに，なでる，しっかり握る，軽くたたく など
5) 頻度：
   エクササイズの場面では体験しにくいかもしれないが，他のエクササイズ中に自分自身の傾向が把握できるであろう
6) 感覚：
   提供者も受ける側も様々な感じを実施開始時・実施中・実施終了時・終了後に抱くであろうから，それを共有する
7) タッチングしている手の広さ：
   指先だけ，手のひら全体，手のひら全体でも全体をクライエントの身体にピッタリと密着した状態や，一部が浮いている状態，手の甲でも行ってみる
8) 身体的距離：
   近づいた状態で，上から覆いかぶさるようにして，腕を伸ばしてかなり距離をとりながら，適度な位置で
9) タッチング中のノンバーバル行動：
   アイコンタクトや表情，顔の位置などを変えてみる（たとえば，タッチングをしていても，視線は別のところを見ている など）
10) 受け手ならびに提供者の体位：
    ・片手に何かを持ちながら，もう一方の手でタッチングする
    ・何も持たず，クライエントにヘルスケア・ワーカーの身体が全面的に向けられた状態で行う
    ・受け手のタッチングした腕や手などを無造作に離す，提供者の両手を用いてクライエントにとっての良肢位でベッド上に静かに置く
11) 視野の中と外からの開始：
    ・突然背後から受け手の身体にタッチングする，受け手の視野の中でタッチングすることに了解を得てから行う（非言語的にあるいは言語的に）

V. バーバル・コミュニケーション
verbal communication

　　バーバル・コミュニケーションは，話した内容（コンテント：content）と話の流れ（プロセス：process）としてとらえることもできるし，内容レベルと関係レベルのメッセージ（Watzlawickら，1967）ととらえることもできる．よくありがちなことに，コンテントのみに焦点が置かれてしまうことがある．たとえば，「面会にあまり来てくれない」という発言では，面会者の少なさや頻度の少なさがコンテントであり，「寂しい」など周囲の人々への思いや関係の中で体験している感情が含まれている場合もある．この発言が，突然発せられたのか，あるいは家族について話しているなかで話されたことであるのか，あるいは学校に関する話題のなかで話されたのかなど，前後の脈絡のなかでとらえていくことがプロセスを踏まえた関係レベルの理解につながる．Burgess（1998）は，この2つを音楽にたとえ，コンテントは音符1つひとつであり，プロセスはハーモニーやリズム，和音などに置き換えて考えるとわかりやすいと指摘している．音符1つひとつに焦点を当てていても，音楽全体はつかめず，それどころか何が奏でられているかもわからなくなってしまう．そのため，プロセスを見失わないようにする必要がある．

　　このプロセスをとらえていると，"クライエントはどうして今ここにいるのか？（why now）"というヘルスケア・ワーカーにとってもクライエントにとっても重要なことを"知る"きっかけになるかもしれない．"どうして-いま"を把握することは，健康回復への行動修正やヘルス・プロモーションなどへの，主体的な参加や動機づけの状態をアセスメントしやすくなる．また，クライエントが医療機関やその他の保健福祉機関で求めるものやゴールを把握することになり，クライエントの目標に合わせたケアを行うには不可欠な情報である．

　　また，プロセスや関係レベルのメッセージを無視してコンテントだけをとり上げることで，クライエントの伝えたかった内容を誤解してとらえてしまうことにもなりやすい．たとえば，「退院したいと言っている」とクライエントの発言の一部だけをとり上げ，チームのなかで話されることがある．これに対し，クライエントが十分に現在の状態を理解しておらず，治療に積極的に取り組んでいないと否定的にとらえる場合があるかもしれない．しかし，もしこの発言が，クライエントにとって大切な人がクライエントのサポートを必要としていることを話すなかでの退院希望であったとして，そのプロセスでこの発言を理解すると，とらえかたは異なるものになるだろうし，そのためにできる方法がないかを話し合うことになるかもしれない．あるいは強い不満ではなく話した言葉だけがとり上げられ，確認するとそのような意図で話したわけではないことが明らかになる場合もある．

　　ここでは，心理面へのアプローチだけでなく通常のコミュニケーションでも効果的な言語的やりとりを行うのに必要な13の項目に焦点を当てる（表V-1参照）．それぞれにエクササイズ

の場面を提示してあるので，実際にペアになり，これらの場面でどの対応が適切であるのかをバーバル・コミュニケーションならびにノンバーバル・コミュニケーションについて体験したり，観察者を加えてフィードバックを得るような設定で行ってみてほしい．

■ 表V-1　バーバル・コミュニケーション（verbal communication）の種類

1. 面接場面の導入と構造化 （structuring）
2. 質問法 （inquiry）
　1) オープンエンド・クエスチョン／開かれた質問（open-ended questions）
　2) クローズド・クエスチョン／閉ざされた質問（closed questions）
　3) 構造化された質問（leading questions in structured interview）
　4) 問いかけによる返答（answering by asking）
3. 感情反映 （reflecting feelings）
　1) 繰り返し
　2) 明確化や言い換え
　3) 共感
　4) 理解
4. 話した内容に対する受け止め （communicating content）
　1) 要約
　2) 繰り返し
　3) 明確化
　4) 解釈
　5) 言い換え
5. 聴き手の抱く感情や考えの伝達 （communicating feelings and/or thoughts）
6. 直面化 （confrontation）
7. セルフ・ディスクロージャー （自己開示・自己暴露：self-disclosure）
8. 情報提供 （information giving）
　1) 心理教育的アプローチ
　2) クライエントからの質問に対して
9. 最小限での励まし，話を続けるような促し （minimal encouragement）
　1) バーバル行動：「そう」，「ううん」，「そうね」などの一言やあいづち
　2) ノンバーバル行動：うなずき，表情の変化など
10. 話を聴く姿勢や態度とそれを伝える行動とジョイニング(joining)とミラーリング(mirroring)
11. ユーモア （humor）
12. 要約 （summarizing）
13. 終結 （termination）

1. 面接場面の導入と構造化（structuring）

目的　面接場面の"導入"とは，クライエントが話しやすい雰囲気づくりであり，これはアポイントメントをとる電話の対応から始まっている．実際に出会ったときには，その出会いの瞬間から挨拶による接近行動（木戸幸聖，1983）も含まれる．そして実際に面接場面に入ったときにクライエントが話しやすくする働きかけが含まれる．"構造化"

とは，そのときの面接の流れあるいは複数回以上の継続面接の流れをクライエントに伝えることで，クライエントが予測性と目的をもってコミュニケーションに参加することに役立てるためと，その構造の枠のなかで関係が営まれることを伝え同意を得るために行うものである．ヘルスケア・ワーカーが時間を気にしつつ会話をもつのではなく，たとえ5分間であっても「あなたのために，あなただけに時間を使います」というメッセージを伝え，クライエントだけでなくヘルスケア・ワーカー自身も，その時間に集中して会話をもてるようにしていく．これにより，面接終了も行いやすくなる．

あなたのために
あなただけの…

また，面接に集中しやすくしたり，面接の方向性について不安を抱いているクライエントに情報提供を行うことになり，クライエント自身が予測をもってその時間を有効に用いるような主体的な行動をとれるようにすることを促進する働きかけになる場合もある．その一方で，気構えたり緊張しやすい場合には効果的とはいえない場合もある．しかし「何となく」会話を始めることは，多忙なヘルスケア・ワーカー自身にとっても時間を気にかけながら，会話に集中しにくい状態にもなりやすいため，構造化を行うことで，これらを防止することにもつながる．

クライエントとヘルスケア・ワーカーは，特殊な特定の目的をもつサービスを受ける側と提供側という契約関係により関係が成立していることを忘れてはならないだろう（表V-2参照）．

■ 表V-2　面接場面の導入と構造化の目的

1. 話しやすい雰囲気づくり
2. クライエントが予測し目的をもって時間を活用するのを促進する
3. 面接に対する共通理解を深める
4. 面接への集中を高める
5. 面接の方向性の明確化
6. 終了しやすくする

V．バーバル・コミュニケーション

方法 これらは1例であり，すべてこのように行うと望ましいというものではない．1場面ごとに，またクライエントによっても異なる．

導入 いくつかの方法があり，その場面により異なるが，初回の場合と2回目以降を考えてみたい．

〈初回〉クライエントが話しやすい雰囲気づくりが必要であろう．

①ヘルスケア・ワーカーの自己紹介をする

②クライエントの受診の目的を尋ねる：「お困りなことは？」，「お電話では□□のように話されていましたが，それについて詳しく話してくださいますか」などの問いかけをして共通理解をする．

③外的なことから尋ねる：「どのようにしてここに来られましたか？」，「今日はどなたといらっしゃいましたか」などのオープンエンド・クエスチョンを用いる場合と，「受付で問題はありませんでしたか」などのクローズド・クエスチョンで尋ねてみる．

④社交的な挨拶：社交辞令からクライエントのその日，そのときの状態把握を行うまでの数多くのものを含んでいる．しかし，社交辞令的な話題から初回を始めると，次回からも社交辞令的なやりとりで行っていいことのモデルになってしまう可能性もあることを念頭に置いておくことが必要である

⑤緊張の強い場合には：深呼吸や1呼吸おくような言葉かけを行ったり，緊張している様子に対し「緊張されているようなご様子ですが」と問いかけてみる．

〈導入以降〉

①1回のみで終了する場合もあるが，次回につなげる必要のある場合には，1回きりで終わらないようにする配慮が必要である*．

*Michie（1996）はヘルスケア・ワーカーを対象とした医療機関内でのメンタルヘルスへの働きかけの結果を報告している．対象の約90％は3回までの働きかけで効果がみられたが，約10％は3回以上の働きかけを要し，また，50％弱は1回だけで効果が得られた．心理的介入の場合には継続する場合もあるが，1回のみでも十分な効果が得られることが示唆されており，このような1回だけの機会を十分に活して大切にすることもさらに求められるであろう．

②クライエントの状態に応じ，把握したい事柄があっても，質問を限定した方が望ましい

場合もある．

③クライエントが一方的に話し続け，ヘルスケア・ワーカーからの質問ができにくい場合には，次項の質問法を活用し，目的を伝え同意を得て質問することも必要である．この場合に，質問への反応を得る時間を十分に確保して働きかけることも重要で，残り時間が短い状態で質問を始めることは適切ではない．

〈2回目以降の導入〉

①クライエントからの発言を待つ．

②「いかがですか」などの幅のあるオープンエンド・クエスチョンで問いかけてみる．

③クライエントの様子から受けた印象を質問の形で問いかけてみる：「お疲れのようですが」「前回よりも元気になられた印象を受けますが」など．

④目的としていることを確認し合い，同意を得てから目的としていることを始める．

⑤必要に応じて，前回の内容をまとめて伝える．しかしこれは"いま-ここで"の状態から遠のく可能性をもっている．しかし構造的あるいは特定の目的で面接がもたれる場合には，特定の話題にすぐに入る場合もある（たとえば食事療法の実施状況やホームワーク，薬物療法の作用や副作用の確認，リハビリテーションの練習状況など）．これは面接がどのように設定されているかの構造化と関連している．一方，心理面へのアプローチの場合には，クライエントが考えていたり感じていることなどを聴くことが重要である．そのため，前回の内容をヘルスケア・ワーカーから提示してしまうと，クライエント自身の主体性や自主性を促進するのではなく，逆に，ヘルスケア・ワーカーの質問に答えるという受け身的態度と面接の流れをつくり上げてしまう可能性のあることを理解しておく必要がある．

⑥1回目と2回目で聴き手となるヘルスケア・ワーカーが異なる場合と同じ人の場合があるが，異なる場合には，前回に話した内容の要約から始め，それに対してクライエントに話してもらう場合と，前回の話の内容をもう1度聴かせてもらう場合がある．

構造化

治療構造（therapeutic structure）はSigmund Freudが古典的精神分析において必要な治療要素としてとり上げているもので，クライエントの病態に応じ，一定の手続き（処方）を決めることで，これにより日常生活とは切り離されたクライエントだけのための，いつも変わりない関係で，話しやすい雰囲気を提供する．これは援助における構造化としても重要な点である．外的援助構造には，オフィスの広さ，椅子や家具の配置，時計の位置，メモ用紙や筆記用具，セラピストの存在（性別，年齢，服装，雰囲気など），クライエントとセラピストの位置（対面，斜面，並列，仰臥位や横臥位など，p.65参照），時間の要因（1回のセッション時間，週に何度，期間設定の有無など），経済的要因（料金，支払い方法など），アポイントメントのキャンセルの方法などが含まれる．内的援助構造には，治療目標，クライエントに求められること，守秘義務とその限界，倫理的要因（攻撃的な行動をしない，セックスをしないなど）などが含まれる．加えて，時間や場所を特に決めないで行う場合もあるが，これも外的援助構造を決めない援助構造という場合もある．

①面接場面の枠を設定する．設定内容には時間，話題，継続して行う場合には期間や場所などを含んでいる．これを開始時にする場合，ある程度クライエントの話を聴いた後で，

あるいは十分に時間をとった終了前に行う場合がある．
②目的を伝え，クライエントの同意と参加意欲を確認する．
③守秘義務とその限界について説明する（チーム医療の場合，この守秘義務に関しては困難が伴う．クライエントが自分の話すことは聴き手しか知らないと思っている場合と，話せばチームの他の構成メンバーには伝わるものと期待している場合がある．このときそのメンバーに直接話しにくいために第三者に伝え，三角関係をつくり上げてしまう可能性のあることも留意しておく必要がある）．「他の人に言わないでください」と希望されたときに対応に困る場合がある．クライエントの他の人には知られたくない思いや感情を勝手に決めつけてしまうのではなく，その理由を把握し，内容によっては応じたり，限界のあることを説明し同意を得ることが必要である．

種類
①話し合う目的を明らかに伝えて開始する場合
②時間や場所などは伝えるが，ヘルスケア・ワーカーの目的に沿って会話を展開するのではなく，クライエントからの発言に任せる場合

留意点
①聴き手自身が緊張せずに，ゆったりとした状態であることが必要である．
②日常の入院場面では，面接の構造化を毎回行う必要のない場合もある．
③構造化を行うことで，逆に緊張感を高める可能性のあることを認識しておく．
④同意が得られた後で，開始する．
⑤時間を気にかけながら話し合うような設定を行わない．クライエントは関心を全面的に向けてくれていないことや，表面的な言葉のやりとりを敏感に感じとることを忘れずにおく．たとえば，構造化が必要だからといって「5分しかありませんが」とか「16分話せます」と伝えると，クライエントは拒絶感を抱いたり，「いつも時間がないと言われる」と感じる場合がある．

exercise

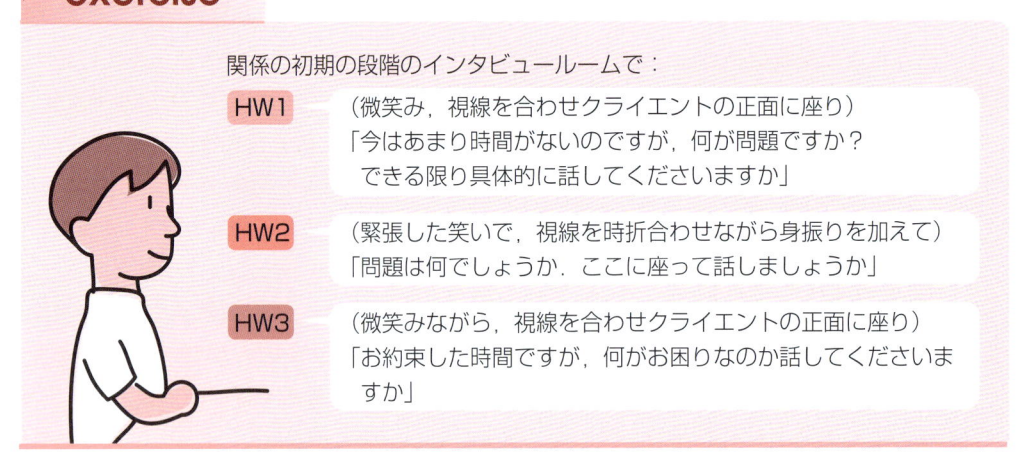

関係の初期の段階のインタビュールームで：

HW1 （微笑み，視線を合わせクライエントの正面に座り）
「今はあまり時間がないのですが，何が問題ですか？できる限り具体的に話してくださいますか」

HW2 （緊張した笑いで，視線を時折合わせながら身振りを加えて）
「問題は何でしょうか．ここに座って話しましょうか」

HW3 （微笑みながら，視線を合わせクライエントの正面に座り）
「お約束した時間ですが，何がお困りなのか話してくださいますか」

HW1：クライエントに話し合いの構造は提供しているが，「時間がない」と言ってヘルス

ケア・ワーカーがクライエントの問題に十分に関心が向けられていない，あるいは興味がないように伝わる可能性がある．限界を伝えることは必要であり，時間を気にしつつクライエントの話を聴き，いつ終わりを告げようかと考えているよりは，このように事実を伝えることの方が望ましい．しかし，関係が築かれる初期の段階では，話し合いよりも，クライエントに訴えたいことを話してもらうことに焦点を当てることが望まれる．クライエントのペースにヘルスケア・ワーカーが合わせることが必要である．また，クライエントに時間がないことを伝えると，クライエントは迷惑をかけてしまってはいけないと思い，話すことを抑制したり遠慮したりしてしまう行動をとり，内面では自分に十分な時間をかけてくれないことへの不満や怒りを抱く可能性もある．特に初回の場合で短時間しかとれない場合には，時間制限を前面に提示しない方が望ましく，十分な時間を設定してから開始することが求められる．「今は十分な時間がとれないので，○時からお話をうかがわせていただきたいが……」と説明をして同意を得ることが望ましいかもしれない．また，「何が問題であるのか」と「具体的に話して欲しい」は共通した内容ではあるが，クライエントによっては2つの問いかけとしてとらえる場合もあり，1つの質問で2つのことを含んでいる可能性もある．

HW2：構造の提供はほとんどなされていない．ノンバーバル行動が伝えるメッセージは，この会話に対しヘルスケア・ワーカー自身が不快な状態であることを示しているととらえられるかもしれない．加えて，言語的および非言語的メッセージはクライエントの不快感を高めることにもなる．そのため，ヘルスケア・ワーカーからの短い，オープンエンド・クエスチョンにも返答しにくくしてしまう可能性がある．

HW3：クライエントの希望をサポートしており，オープンな会話を促進し構造も明確になっている．必要に応じて「時間の長さ」を伝えることも含めることができる．座る位置や距離は，特に1回目の場合は，その後の話し合いの設定を決める場合もあるため，考慮しておくことが望ましいかもしれない．

2．質問法（inquiry）

どのような場面でのコミュニケーションでも，いかにクライエントにコミュニケーションに参加してもらうのかが重要であるが，質問はその一方法であり，より効果的に行うことが求められる．Ⅲ章の7つの態度で述べたように尋問的な問いかけを矢継ぎ早に行うことは不適切であるが（p.24参照），ヘルスケア・ワーカーが勝手に思い込んだり，決めつけてしまうのではなく，クライエントから自分自身について話してもらい，理解することは必要である．また，特定の質問を躊躇するヘルスケア・ワーカーがいるが，これはクライエントにとって話しにくいことであるとヘルスケア・ワーカーが決めつけていたり，ヘルスケア・ワーカー自身がその質問項目に抵抗を感じている場合が多い．また，推測するのではなく，クライエントが言いたくないかもしれないことを配慮しながら直接確認することは必要である．クライエントの思いや状態を理解しないでいることは，クライエント中心にケアがなされているとは言いがたい状態でもある．

1) オープンエンド・クエスチョン（開かれた質問；open-ended questions）

いつ，どのように，どのくらい，どこで，何を，なぜ（when, how, how long, where, what, why）を用いた，"はい"／"いいえ"や一言で，あるいは単純な返事で答えられない問いかけである．

目的
① クライエントにとっては，関連した内容を十分に話せるチャンスとなる．
② 情報収集に効果的であり，クライエントの考えや感情を明確化したり探究したりする機会になる．
③ クライエントが話しやすい雰囲気をつくりやすい．
④ 1つの話題に焦点を当てやすい．
⑤ 一般的なことを話すことになるので具体的な内容を導きやすい．
⑥ 1つの側面だけではなく，多面的な側面に気づく機会になる．

方法
① 現在話されている内容に関連した内容の問いかけを選択する．
② "何が（what）"の問いは，通常事実に関連したことを導きやすい．
③ "どのように（how）"の問いは，様々な状態をプロセスとして把握しやすく，より深くクライエントを理解することにつながりやすい．たとえば，対人関係に関連した内容を導きやすかったり（「どのように対応されたんですか」，「どのように感じましたか」など），比較への働きかけにつながったりする（「それは以前の△△とはどのように似ていましたか」，「□□とどんなふうに違いましたか」など）．
④ "なぜ・どうして（why）"の問いかけは通常，クライエントを防衛的にするため，頻回に用いることを避ける方が望ましい（p.25参照）．
⑤ 「何について話してくださいますか」や「何についてお話しになりたいですか」の問いかけは，幅をもった柔軟性のある反応を得やすい．
⑥ 「○○についてもっと話してくださいますか」は，探究的な問いかけであり，「もう少し○○について話してくださいますか」や「それはどのような意味でしょうか」は特定のことに焦点を当てたり，明確化を促進したりする．

2）クローズド・クエスチョン（閉ざされた質問；closed questions）

"はい" / "いいえ" や一言で，あるいは単純な返事だけで答えられる問いかけである．

方法

①クライエントの状態に合わせ，心理的負担をかけない方が望ましい場合には効果的な方法で，"はい"や"いいえ"，あるいは一言で答えられる問いかけを行う．
②具体的な内容を得るためのきっかけとなる問いかけとして用いることができる．

留意点

オープンエンド・クエスチョンとクローズド・クエスチョンの問いかけで避けることが望ましいこと：
①1つ以上の質問を一度にしない（2つ以上の問いかけを1つの質問でしていることはかなり多い）．
②誘導する質問は行わない．
③批判的，評価的問いかけは行わない（たとえば，「薬飲まなかったんでしょう！」など．しかし，関係が築かれたあとで，クライエントもユーモアを受け止められる状態であれば，ユーモアを含めたこのような発言は効果的でもある）．
④一般的な内容の問いかけはできる限り避ける．
⑤すべてオープンエンド・クエスチョンにしようとしない．クライエントの心身状態や精神障害の種類に応じてクローズド・クエスチョンが適切な場合も多いことを念頭に置いておく．
⑥反応するための十分な時間をとって質問する．
⑦医療現場だけでなく，日常生活での相手への関心や心配から用いられやすいクローズド・クエスチョンの1つに「大丈夫？」がある．「大丈夫？」と問い掛けられて，「大丈夫じゃない」とはなかなか返答しにくく，大丈夫ではなくても「大丈夫」と返答しがちなものである．

exercise

Ct. 「実は夫との間で問題があるんです」

HW1 「どのくらいその問題を抱えておられるんですか？」
HW2 「結婚の問題についてもう少し話していただけますか？」
HW3 「ご主人と今でも一緒に暮らしておられるのですか？」

HW1：これはオープンエンド・クエスチョンであるが，短い事実の返答を導く可能性もある．また，クライエントの婚姻関係に関する問題の会話を中断してしまうことにもなるかもしれない．さらに「どのくらい」は問題の持続期間か深刻度のどちらの問いかけかわかりにくいかもしれない．

HW2：これもオープンエンド・クエスチョンで，続けて結婚の話題について話すことを促す問いかけである．

HW3：これはクローズド・クエスチョンであり，「はい」か「いいえ」の返答を強要してしまうことになる．また，婚姻関係についての問題を話し合うことを邪魔してしまう可能性もある．

しかし，3つの対応のいずれもクライエントの発言に関連した問いかけであり，どれが正しく，どれが間違っているというものではないことを理解できるであろう．より効果的な対応や問いかけをするという視点でとらえる必要がある．

3）構造化された質問（leading questions in structured interview）

前述の2つは，特定の目的に沿って質問しない構造化されていない面接（unstructured interview）あるいは半構造化された面接（semi-structured interview）に用いられやすい方法である．しかし限られた時間のなかでクライエントから情報を得たり，特定の事柄に関して情報を得ることが必要になる場合がある．これらは健康障害に関したものをはじめ，バイオ・サイコ・ソーシャル*の各側面からの情報収集が必要となるときなどに用いられる．このときには質問項目が決められており，それに沿って質問していく構造化面接（structured interview）を行う場合がある．

*バイオ・サイコ・ソーシャル・モデル（bio-psycho-social model）は，1970年代にGeorge, L. Engelにより生物学者のPaul Weissのシステム理論（system theory）とLudwig von Bertalanffyの一般システム理論（general system theory）から発達したものである（Engel, 1980）．

それまでのバイオ・メディカル・モデル（bio-medical model）では身体面のみに焦点が向けられ健康障害は正常な生物学的身体状態から逸脱した状態で，精神障害は脳の生化学的（biochemical）あるいは神経生理学的（neurophysiological）に異常な状態としてとらえられていた．このバイオ・メディカル・モデルでは，数多くの関連要因は排除された状態で，心理社会的側面からの影響も含まれにくいものであった．

これに対して，Engelは一般システム理論を基礎に，システム内外のどのレベルでのハーモニーやバランスのくずれであっても，健康障害の発症から経過，予後に影響を及ぼし，予防にも関与している状態をとらえやすくするモデルとして，バイオ・サイコ・ソーシャル・モデルを提唱した（Engel, 1977）．スピリチュアル（spiritual）な側面を加えて，大きく4つの側面からとらえられる場合もある．

方法
①目的といくつかの質問をすることを説明し，クライエントからの了解を得てから始める．
②質問の内容によっては返答しにくいと推測される場合には，この点への配慮が必要ではあるが，強要ではないことを伝える．しかし目的を明らかにすれば，クライエントは返答してくれる場合が多い．

留意点
①決して矢継ぎ早に行わない．
②クライエントが1つの質問への返答から，説明や会話が拡大していく場合には，しばらく傾聴するが，声かけをして止めることも必要である．発言を止める／中断することは行いにくいが，その時間の目的により行うことが必要な場合もある．
③構造化されたものであっても，クライエントの訴えを聴く時間をもつ．

4）問いかけによる返答（answering by asking）

目的　クライエントから質問を受け回答を求められたときの対応の1つで，クライエント自身で考えることを促す．

留意点
①形式的に何度も行わない（クライエントは拒絶されているように感じやすい）．
②返答することを恐れるためのヘルスケア・ワーカーの自己防衛的な対応として行わない．
③クライエントの質問の意味や目的を考えて対応する．
④特にヘルスケア・ワーカーは答えを出すことや，原因を明らかにすることなど直接的因果関係での対応をしがちであることを意識して行う．
⑤クライエント1人で考えるのではなく，共に考えていく態度や思いとその状態にあることをクライエントに伝える．

exercise

Ct.　「手術するように先生に言われたんですが，手術した方が治るんですかね？」

HW1　「治りますよ」

HW2　「先生はどのようにおっしゃったんですか？」

HW3　「○○さんは，手術した方がいいと思われますか？」

HW4　「○○さんは，どう思われますか？」

HW1：このような問いかけをされたときに，ヘルスケア・ワーカーは対応に困ってしまい，励ましや断定的な言いかたをしてしまう傾向をもっている．この対応もクライエントがどうしてこのような問いかけをしてきているのかを考える余裕を失っている可能性が高い．しかし，このように大丈夫であることを言ってもらえることで安心し，決断を促進する効果をもつ場合も時にはある．

HW2：具体的に主治医からの説明の内容を把握したうえで対応していく方法をとっていこうとしている．これも1つのアプローチである．しかしクライエントのこのメッセージに含まれている感情面に関心が向けられていない可能性がある．

HW3：クライエントは主治医からの説明に対し何らかの思いを抱いている．このように問いかけることでクライエント自身の様々な思いの表出を促し，かつクライエント自身が判断をするのをサポートすることにつながりやすい．クライエントが安定した心理状態でないことも考えられ，このようなクローズド・クエスチョンで問いかけることも1つの方法である．

HW4：オープンエンド・クエスチョンを用いているが，これがオープンすぎて対応しにくく負担の大きな質問になる可能性もある．一方このような問いかけで，クライエントが主治医との話し合い以降に思ってきたことを話すきっかけになり，クライエントの思考や感情を整理することにもつながりやすくもなる．

　しかし，4つの対応のいずれもクライエントの発言に関連した問いかけであり，どれが正しく，どれが間違っているというものではないことを理解できるであろう．

3. 感情反映（reflecting feelings）

　クライエントは感情表出を直接行う場合（うれしいや悲しいなどの感情表現をする）と間接的に行う場合があるが，クライエントの抱いている感情を的確に受け止め，それをクライエントに伝えることが感情反映である．ヘルスケア・ワーカーによくみられる傾向として，クライエントの感情を受容することのみに焦点が当てられがちであるが，Ⅲ章の共感（p.17参照）でも述べたように，その受け止めたことをクライエントに言語的にも非言語的にも伝えることが大切である．

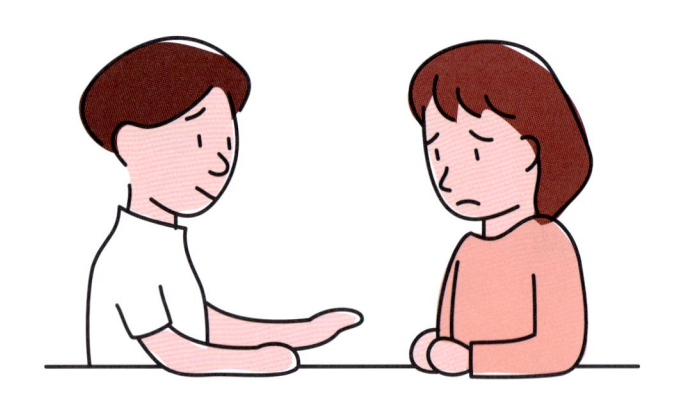

目的　①クライエントが自分自身の感情に気づくことを助けたり促す．
②クライエントが自分自身の感情を受容することを助けたり促す．
③クライエントの体験を聴き手が理解し，共通のスタンスに立っていることを伝える．
④クライエントと聴き手との信頼関係を深めるのに役立つ．

方法　感情を見分けるには：
①クライエントの話す内容のなかで，感情表現のある部分に焦点を当てる．
②クライエントの話すときの態度，声の調子，話す速度，姿勢，その他のノンバーバル行動に焦点を当て，クライエントの抱いている感情を把握する．
③クライエントの表現している感情をとらえ，それに名称（悲しい，楽しいなど）をつけるが，限定した言い切った言いかたではなく，幅をもたせた表現とする．

④相反した感情を抱くアンビバレントな状態や複数の感情を抱いている場合もあるため，クライエントの抱いている感情の幅や種類を見分ける．

用いかた：
①適切な前置きのフレーズの後に，クライエントが体験している感情を明確かつ正確にまとめ，表現する：「〇〇さんは□□について話されていましたが…」．
②アンビバレントな感情を受け止める．
③クライエントが話した言葉そのままの繰り返しをやりすぎない程度に，言い換える．
④"いま-ここで"クライエントが表現していることに焦点を当て，現在形を用いる．

クライエントの感情を受け止めるとは：
①ポジティブ，ネガティブ，あるいは両価性をもつ感情に対しても行う．
②感情を向けている相手が誰であろうと行う（クライエント自身，聴き手，その他の人々）：

否定的な感情を向ける対象が…
- クライエント自身の場合：励ましやクライエントの感情を否定する反応をしがちである．
- 聴き手自身に対する場合：聴き手は防衛的になりがちになる．
- その他の人々の場合：一方を悪者にしてしまう場合や，そうならないようにするために対応に困り返答に躊躇してしまう場合が生じがちである．
クライエントサイドに立つ場合と，中立的な立場の維持が必要な場合とがある．クライエントの体験していることを"ありのまま"に受け止め，理解することが求められる．

③クライエントが面接自体に対して感情を抱き，その感情が面接の進行に妨げになると考えられるときに行う．
④クライエントが面接を続けることが難しいときに行う．

種類
①<u>繰り返し</u>：クライエントが表現した感情をそのまま繰り返す．しかしオウム返しではない．
②<u>明確化や言い換え</u>：クライエント自身が抱いている，あるいは体験した感情が明確になっていない場合や，アンビバレントな感情を抱いている場合などに，聴き手が明確にしてクライエント自身が自分の抱いている感情を明確にし受容するのを促す．
③<u>共感</u>：クライエントの体験している感情を聴き手が感じ取り，理解し，その内容をクライエントに伝えることで，クライエントはわかってくれた，共有できていると体験しやすい．
④<u>理解</u>：感情に加え，知的解釈などを含めて伝える．

留意点
①クライエントが感情レベルでのやりとりを行える状態であるかどうか（readiness）を十分にアセスメントして行う．クライエントは時に，自分自身の体験

している（体験した）感情がわからなかったり，感情について話し合えないことがある．感情レベルで対応すると，クライエントにとって自分自身の感情が明らかになり，フィードバックされた感情が適切かどうかを考えることになるが，逆に負担になりすぎる場合もあることを念頭に置いておく

②オウム返しをしない．共感的対応を，クライエントの言葉をオウム返しすることととらえている人が決して少なくない．クライエントの用いる表現の一部や言葉を用いることは重要であるが，オウム返しをするわけではない．

③クライエントがアンビバレントな感情や複数の感情を抱いている場合も決して少なくない．まずどのような感情であるかを明確化すること，そして両価性のある状態やいくつもの感情を抱いている状態の不快感や嫌悪感などを共感することが必要となる．

exercise

Ct. 上司との関係について話している．
「どれだけ仕事を一所懸命にやっても，すべてだめ．上司が望むように毎回やってみるけど，うまくいかない．わたしがこの方法ですればうまくいくと思ってすると，上司はそれを喜ばないし，どうしたらいいのか」

HW1 罪悪感　HW2 怒り　HW3 不安

HW1：クライエントは精一杯いろいろなことを試みている．罪悪感は，問題に対し試みなかったことが何かあるときや不適切な場合にクライエントが抱きやすい感情である．
HW2：怒りを抱いているかもしれないが，それを明らかにするにはさらに情報が必要である．
HW3：クライエントは課題を達成するために精一杯のことを行っているが，すべて不成功に終わっており不満と不安の感情を抱いているかもしれない．

exercise

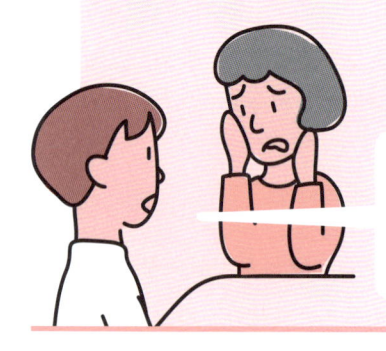

Ct. 「家に帰って電気をつけると，おばあちゃんが倒れていて，血がそこらじゅうに広がっていて，信じられない光景でした」

HW1 「○○さんはそれでどうされたのですか？」
HW2 「麻痺してしまったでしょう」
HW3 「ショックを受けられたのではありませんか？」

HW1：オープンエンド・クエスチョンで情報を収集できるが，感情レベルの会話にはつながりにくい．この時点では，この出来事に対するクライエントの感情をクライエント自身が認識し受け入れるように働きかけることが求められるかもしれない．しかし，クライエントにその準備状態が整っていないと判断した場合には，事実を理解していくことも1つの方法である．

HW2：「麻痺」という言葉は，クライエントの話した内容に一致していない．加えて断定的な表現である．

HW3：クライエントの発言の内容を受け止め，感情レベルで対応している．これによりクライエントが自分の体験したことを明らかにし，感情を話し合いやすくなる可能性を高めている．

4. 話した内容に対する受け止め（communicating content）

目的　　クライエントの話した内容（コンテント）をまとめてクライエントに伝えることで，クライエント自身が自分の話した内容を整理しまとめることを促したり，ヘルスケア・ワーカーが内容を理解したことを伝え，クライエントに確認し，"わかり合う"ことを促したりする．話す内容に対する受け止めには，1文程度の言い換え（paraphrase）や数文のまとめ（summarize）がある（Evansら，1979）．

①クライエントの話した内容を，簡潔で正確かつタイミングよくまとめることで，クライエント自身が様々な思いを自分自身でまとめやすくなる．
②クライエント自身が，自分の発言した内容を見直すことができる．
③クライエントが自分の考えを明確化するのに役立つ．
④聴き手がクライエントの言ったことを理解していることを明確化することになり，それにより，さらに深まりのある会話につながりやすくなる（クライエントにとって重要なテーマをさらに深めるような働きかけとなる）．
⑤聴き手が，クライエントの言っていることを聴いており，理解しようとしていることを伝えることになる．
⑥クライエントと聴き手とのパートナーシップを築くことに役立つ．
⑦面接全体のまとめにもなる．
⑧面接に方向づけをする働きももつ．

方法　①クライエントの話したなかで重要なポイントを系統的に統合し，それを言い直す．
②タイミング
　・クライエントが感情について話すことを恐れているとき．
　・クライエントのコメントが長く，とりとめもなく話し，混乱しているようなとき．
　・クライエントが無関係な内容のものをいくつも話したとき．
　・面接自体に，方向性や一貫性を加えたいとき．

- 面接のなかで，1つの話題から違う話題に移ろうとするとき．
- クライエントが話している内容に対し，聴き手が適確に聴けているかどうか，正しく認知しているかの確認を行うとき．
- 面接をまとめるとき．
- 面接の最初の時点で前回のインタビューについて復習したり思い出すとき．

種類
①<u>要約</u>：クライエントの発言内容を整理し，内容の中心部分をまとめる．
②<u>繰り返し</u>：クライエントの重要と思われる発言内容の一部あるいは全部を繰り返す．
③<u>明確化</u>：クライエント自身が混乱していたり，まとまっていない内容をクライエントに代わり明確化し，クライエントの思考や感情などの整理を助ける．
④<u>解釈</u>：クライエントの発言内容や体験に関し，知的レベルと感情レベルを含めて説明を加える（p.27参照）．
⑤<u>言い換え</u>：クライエントの表現した内容を言い換えて伝えることで，クライエントがさらに理解を深めたり，理解し合える体験につながったりする．

留意点
①クライエントの表現した内容の中心となるものを言い換えて伝える．
②クライエントの話した内容の意味を変えたりつけ加えたりしない．
③クライエントのコメントや発言内容のオウム返しは避ける．

exercise

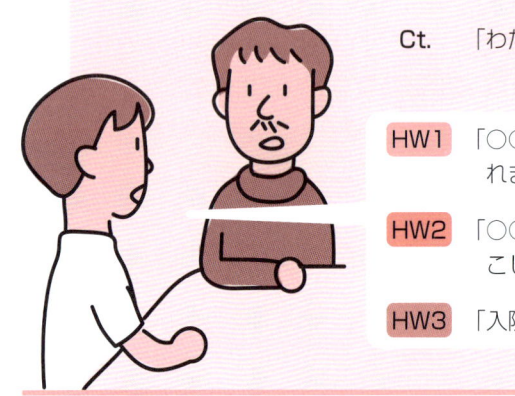

Ct. 「わたしの問題は家のことが原因なんです」

HW1 「○○さんは奥さんとの結婚について問題を抱えておられますね」

HW2 「○○さんはご自宅でのいろいろなことが問題を引き起こしていると思われているのですね」

HW3 「入院については全く気にかけておられないようですね」

HW1：推測のしすぎである．クライエントの発言内容以上のものをとらえており，それも断定的な言いかたになっている．クライエントが話す前にクライエントの問題が何であるかを推測するのは賢いやりかたではない．もし婚姻関係に問題がなければヘルスケア・ワーカーの対応に対しネガティブな感情を抱く可能性もある．また表現も決めつけになっている．

HW2：クライエントの発言した内容を理解したことをフィードバックしている．そして，これはクライエントに続けて話をしていくことを促すことになりやすい．

HW3：ヘルスケア・ワーカーの反応は，クライエントの話した内容に一致していない．以前に聴いていた内容から推測したことであるのかもしれないが，クライエントの"いま-ここで"話された内容を無視している．

5. 聴き手の抱く感情や考えの伝達（communicating feelings and/or thoughts）

目的　聴き手自身の抱く感情や考えをクライエントに伝えることも時には必要である．
①直接的な相互性のあるコミュニケーションを促進する．
②両者間における緊張や不快な感情を解決することにつながる．
③矛盾点に焦点が当てられ，その解決につながる．
④両者間の信頼感に関する様々なことを明確化することになる．
⑤クライエントの依存性などに焦点を当て，解決するのに役立つ．
⑥進展のない堂々巡りの会話に終止符を打ち，面接に積極的でないクライエントに対し消極的態度に変化を及ぼすこともできる．
⑦面接の最初と最後の時期にクライエントが抱いている感情の統合化にもつながる．
⑧心理的アプローチにとって最も重要な"いま-ここで"体験していることに焦点を向けるきっかけになる．

方法　①聴き手自身の感情を見分ける：
・クライエントが話している内容や話しかたに対して，聴き手自身の思いや感情があり，それに伴って生じる感情を意識化する．
・クライエントのメッセージに対し，聴き手の身体的変化に伴う感情を見分ける．
・クライエントの表現している感情であるか，聴き手自身の感情であるかの識別を行う．
・クライエントのメッセージに対し中立的反応をとったときに何らかの感情が出てきたとき，その感情をとらえてどこから生じてきているのかを明確化する．
②感情や考えをクライエントに伝える：
・視線を合わせ，リラックスした姿勢を維持する．
・クライエントが何を話し，何を話していないかに焦点を当て，話されている内容に合った感情を伝える．
・現在形で反応する．
・ほどよい表現で行う．
・クライエントに対しモデルとなるように行動することが求められる．信頼関係に基づくオープンに話のできるコミュニケーションにつながるようにする．
・クライエントが聴き手になるが，聴き手の思いを十分に考慮し批判的な表現にならないようにする．
・話した後で，クライエントからの反応やフィードバックに対しオープンにかつ防衛的にならずに応じる準備ができている必要がある．

留意点
① これを行う目的を明確にしておく．
② 感情的にならずに行う．
③ 聴き手の自己防衛の手段として用いない．
④ 聴き手自身の抱いている感情で，対人関係において大切なものであり，否認したり抑制することは望ましくないが，極端に言い切ってしまうような，断定的な表現は避ける．
⑤ 聴き手の感情や考えを伝えることは，特に援助者の役割を担う人にとっては容易なことではない．スーパービジョンを受けながらのトレーニングを要する場合も決して少なくないことを理解しておく．

exercise

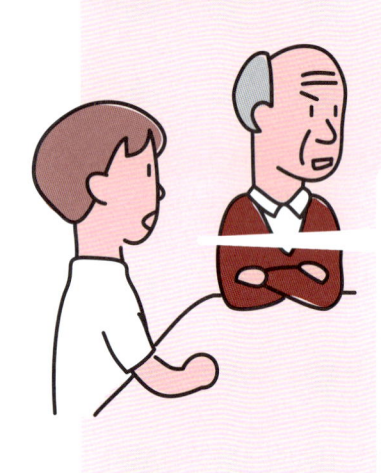

Ct. （高齢の男性で若いヘルスケア・ワーカーに対し）
「わしのことをあんたには話したくない．どのくらいこの仕事をしとるんじゃ？」

HW1 「わたしは若いですから，○○さんのことを助けるくらいの経験をもっているか心配しておられるんですね」

HW2 「わたしは十分に○○さんのことがわかります．どうぞ話してください」

HW3 「年齢はわたしの能力とは無関係です．十分な実力をもっています」

HW4 「3年になります」

HW1：クライエントの"いま-ここで"抱えている不安を明らかにしている．そしてヘルスケア・ワーカーの年齢についての思いをオープンに話すことを促している．

HW2：クライエントに対し防衛的になり，押しつける行動をとっている．クライエントの抱える"いま-ここで"の心配事に対応することが信頼感の獲得を促す．

HW3：クライエントの抱える"いま-ここで"の心配事を明らかにとらえているが，権威的で防衛的な口調と内容はクライエントとの関係を遠ざけてしまうことになる．HW1のように心配事をオープンに話すように対応する必要がある．

HW4：これを発言したヘルスケア・ワーカーがどのような感情を抱きながら対応したかによるが，クライエントが経験年数を3年よりもさらに短く予想していたり，3年を十分な年数としてとらえている場合には，防衛的にならずに経験年数を伝えることにより，クライエントは安心感を抱き，会話がさらに深まる可能性もある．一方，防衛的であったり，どう対応していいのかわからず自信のない口調で伝えたときには，クライエントの不安や怒りがさらに高まる可能性がある．

6. 直面化（confrontation）

目的

クライエントに直面することは決して容易なことではない．特に日本文化においては相手に正面から対面していくことは回避しがちなことでもある．しかし，ヘルスケア・ワーカーによるコミュニケーションにおいては必要なスキルの1つである．
① クライエントが矛盾点を見分け，解決するのに役立つ．
② クライエントに矛盾を認識する方法とそれらを解決する方法を示す．

用いる場面

① 観察できる矛盾点に焦点を当てる（辛いことを話しながら笑顔でいるなど）．
② クライエントが首尾一貫しない，あるいは矛盾した行動パターンをとる場合などに行う．
③ クライエントが防衛的である場合に行う．
④ クライエントが非現実的ゴールを設定した場合に行う．
⑤ クライエントの行為がクライエント自身あるいは他の人たちに望ましくないと思われる場合に行う．
⑥ クライエントの発言と行動との間，クライエントの認知と聴き手の認知との間，クライエントのコメントとそのコメントを伝えるときのノンバーバル・コミュニケーションとの間，あるいはクライエント自身の価値観と社会的価値観との間での違いがある場合などに行う．

留意点

① クライエントのメッセージのなかで，矛盾のある点を伝え，その矛盾点に関して話をするように援助するのであり，批判するのではない．
② 言い切ってしまうのではなく，可能性があるという表現を用いる．
③ クライエントならびにヘルスケア・ワーカーが感情をさらに深める準備ができているかをアセスメントしてから用いる．
④ 直面の技法は，罰や復讐の方法や"気づかせよう"といった外的な力でクライエントに働きかける方法として用いない．
⑤ 矛盾点を指摘するコメントには，非難や批評，あるいは問題への解決方法を含まない．
⑥ 矛盾点と矛盾点に関してのクライエントのもつ強さと弱さに焦点を当てる．一方的に弱さだけに焦点を当てない．
⑦ クライエントとの信頼関係が築かれた後で行う．

exercise

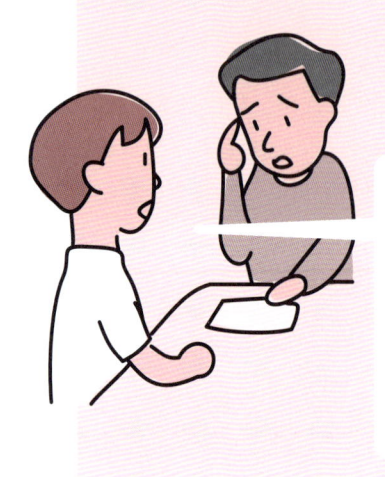

Ct. 前日には外泊時に買い物をしてきたと話していたが，入院費の請求書を手渡すと，「どんなふうにこの入院費を払おうかとても不安です」

HW1 「十分にお金のないことはストレスが強いことですね」

HW2 「息子さんがお金を貸してくれますよ」

HW3 「わからなくなってしまいました．昨日は，外泊のときに素敵なスーツを買われたとおっしゃっていましたが，今日は入院費の支払いが心配だとおっしゃっています．○○さんはお金の管理と使いかたが難しいように思いますが」

HW1：金銭についてはオープンに話しにくい話題の1つであるが，会話のプロセスに焦点が当てられず，発言のコンテントに焦点が当てられ，感情を受け止めようとしている．しかし，ヘルスケア・ワーカー自身が，クライエントの矛盾した発言に疑問や憤りを感じたまま発言している可能性がある．

HW2：すぐに解決策を提供しようとしており，不安に耐えられないヘルスケア・ワーカーがいる可能性がある．

HW3：プロセスに焦点が当てられ，クライエントの言動の矛盾点に対し，感情的に批判したり攻撃的なアプローチをとるのではなく，冷静に矛盾点を指摘している．

7. セルフ・ディスクロージャー（自己開示・自己暴露：self-disclosure）

目的 ヘルスケア・ワーカーのプライベートなことを話すことで，クライエントにとって役立ったり面接に効果的に働くと考えられる場合に用いられる．

①クライエントとヘルスケア・ワーカーの信頼関係を深める．

②クライエントがさらに自分自身の感情やプライベートな内容を話すことを促進することにもなる．

③クライエントが問題と解決方法やリソースに明確かつ正確に焦点が当てられるように助ける．

注）自己開示は，特定の相手に対し自分自身に関する情報を言語を介して伝えることで，正直かつ誠実にプライベートなことを意図的に伝える（Fisher, 1984）．類似した表現に，自己呈示（self-presentation）や印象操作（impression management）や印象調整（impression regulation）がある（栗林克匡，1995）．自己開示は言語的なものであるが，それ以外のものは言語的あるいは非言語的に行われ，必ずしも伝達される情報は正直かつ誠実でプライベートなものとは限っていない．

方法 セルフ・ディスクロージャーする内容
①クライエントが話していることと関連性のある内容．
②クライエントにとって意味のある内容．
③クライエントが聴き手になるので，過去のことではなくクライエント自身の現在の状態に焦点を当てる．
④自発的であり，話す内容と感情が一致している．

留意点 ①ヘルスケア・ワーカー自身の話す内容がクライエントのコミュニケーションを否定したり，見劣りさせたり，拒否したりしない．
②クライエントとの信頼関係を築いた後で，ほどほどに行う．
③ヘルスケア・ワーカーの不安から，あるいはヘルスケア・ワーカーのニーズ（クライエントに対してわかっていることやわかることを伝え，こころを開いてもらうためなど）から自分自身のことを話さない．クライエントから「あの人は自分のことばっかり話してる」と聞くことがある．ヘルスケア・ワーカー自身は少ししか個人的なことを話していなくても，クライエントにとってはこのようにとらえられる場合もある．
④クライエントからヘルスケア・ワーカーの個人的なことを尋ねてきた場合は，なぜクライエントが知りたいと思っているのかをまず把握することが必要である．
⑤クライエントとヘルスケア・ワーカーは友人関係や家族関係とは異なることを理解したうえで行う．

exercise

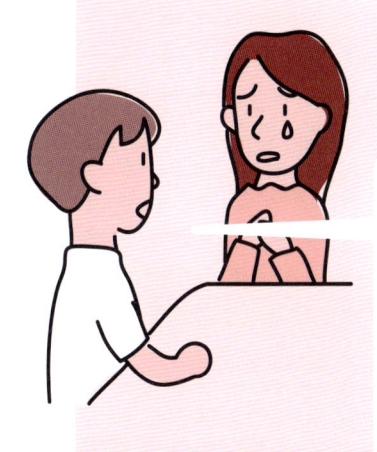

Ct. 「ショックです．兄弟に話さなくてはいけないんでしょうね．兄弟たちがこのことをどんなふうに受け止めるか心配です」

HW1 「ときどき，わたしの兄弟に対して責任感を抱くときがあります．でもそんなときよく思うのは，彼ら自身も大人で十分に受け止められるだろうということです．実際に話してみると，しっかりと受け止めているのをみて驚くことがあります」

HW2 「私の父親が亡くなったとき，今○○さんが感じておられるような責任感を兄弟に感じました．その責任感が問題をつくり出すように思います．問題の解決は自分で見つけていかないといけないんでしょうね」

HW3 「若いときは，兄弟に相談することは非常に難しく，自分1人で解決しようとしました．今になって思うと，もっと素直に話していればよかったなって思うんです」

HW1：このセルフ・ディスクロージャーはクライエントの"いま-ここで"の状況に焦点が当てられ，クライエントの抱える問題を明らかにすることを助ける可能性が高い．

HW2：クライエントの状況を理解しておらず，クライエント自身が無視された状態となっている．ヘルスケア・ワーカーの反応は，クライエントを促進することであり，禁止や抑制することではない．前半はクライエントが意識していない責任感を明確化することを援助している可能性があるが，後半はクライエントの兄弟の反応に対する心配に添っていないように思われる．

HW3：このセルフ・ディスクロージャーは適切であるが，クライエントの"いま-ここで"の状況には一致していない．

exercise

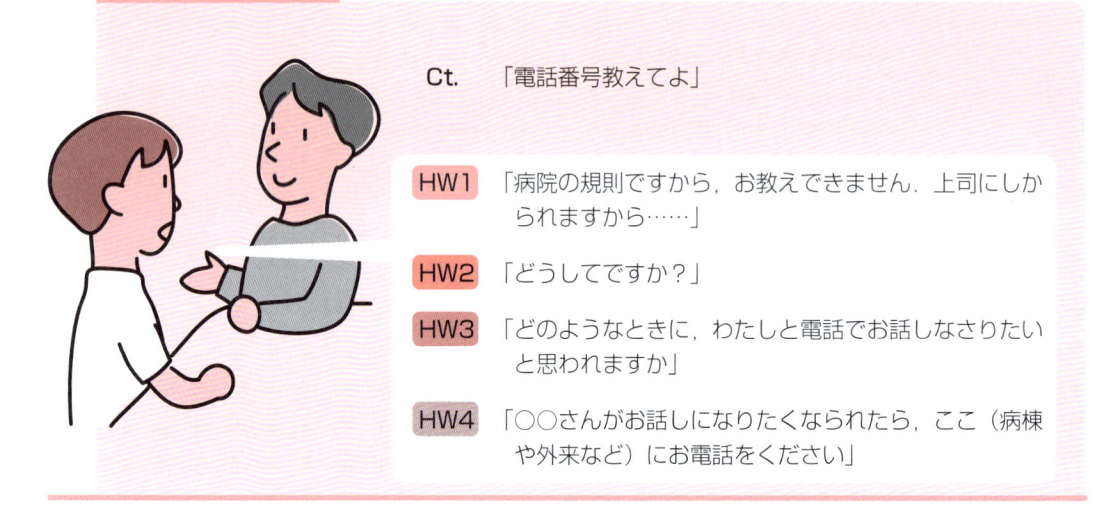

Ct.　「電話番号教えてよ」

HW1　「病院の規則ですから，お教えできません．上司にしかられますから……」

HW2　「どうしてですか？」

HW3　「どのようなときに，わたしと電話でお話しなさりたいと思われますか」

HW4　「○○さんがお話しになりたくなられたら，ここ（病棟や外来など）にお電話をください」

HW1：クライエントとヘルスケア・ワーカーの2者間に第三者をもち込んで，"断る"という行動に可能な限り自分が関与しないように対応している．クライエントは拒絶感を抱くことになる．ヘルスケア・ワーカーが防衛的で，クライエントの要望に対し自分の考えや感情，価値観などにオープンでも正直でもなく，純粋性に欠けた状態といえる．しかし断っても何度も要望が出された場合には，規則であることで断ることが必要になる場合があるかもしれない．

HW2："なぜ"の質問で，ヘルスケア・ワーカー自身が防衛的になっている可能性と，クライエントの意図や目的を把握しようとする問いかけである可能性があるが，"なぜ"の問いかけはクライエントを防衛的にしやすい．

HW3：クライエントの電話番号を知りたい目的を把握しようとした問いかけで，理解した後で，ヘルスケア・ワーカー自身の言葉で伝えられないという断りを伝えることが適切であろう．

HW4：現実的な対応策が提供されているかもしれないが，クライエントの思いは受け止めてもらえず，1人の人間としてではなく，その他のクライエントと同様に扱われたという思いを抱く可能性があるかもしれない．

8. 情報提供（information giving）

目的　異なった視点でのとらえかたや，クライエントの認知に異なった方向からの見かたや情報提供を行うことで，クライエントの防衛度を弱め，そのことにより問題に対し立ち向かいやすくする働きかけになったり，問題解決への新しい行動をとり始めるような援助につながる可能性をもつ．
① 面接の流れをクライエントに明らかにする．
② 方向性や指示，助言を提供する．
③ フィードバックを提供する．
④ 異なった選択肢のあることを提示する．
⑤ その他のリソースに目を向けるような働きかけを行う．

方法　情報提供には：
クライエントからの質問に対し情報を提供する場合と心理教育的アプローチとして行われる場合とがある．
① クライエントの必要としている情報やデータ，事実を提供する．
② 内容は，婉曲的でなく直接的で，具体的かつ簡潔で正確であることが必要である．
③ クライエントが説明された内容をまとめ，理解しやすくなるように，だらだらと述べるのでなく，まとめて伝えるようにする．そのためには，ヘルスケア・ワーカー自身が提供する情報を十分に理解していなければならず，もし十分に理解していない場合には限界を伝えておくことも必要である．
④ クライエントが情報提供を受ける準備が整っていることを確かめて行う．

情報提供した後で：
① 伝えた内容をクライエントが正しく受け止めているかどうかの確認を行う．このとき，「わかりました」ではなく，クライエントの言葉で話してもらう．
② 歪んだとらえかたをしていないかを評価し，必要に応じ他のコミュニケーション・スキルを用いて訂正を行い，正しく理解してもらうようにする．

留意点
① 正確な情報提供を，専門用語ではなくクライエントが理解できる表現で行う．
② 知識を伝えることだけでなく，情報提供の目的（どうして・なぜ伝えようとしているのか）を明確に含む（木戸幸聖，1983）．
③ クライエントの理解したことを確認する．

exercise

Ct.　「この間の血糖値の結果がとても気になるんです．結果きましたか？」

HW1　「結果は戻ってきています．ここにコピーがありますからどうぞ．残念ですが，血糖値はまだ非常に高いですね．これだけ食事療法をしてきても下がっていません．食事療法のやりかたを変える必要がありますね．これについて，○○さんはどう思われますか？」

HW2　「結果は戻ってきています．ここにコピーがありますからどうぞ．○○さんと同じくらいわたしも結果を期待していました．少し高めではありますが，いい感じです．○○さんはどう思われますか？」

HW3　「結果は戻ってきています．ここにコピーがありますからどうぞ．血糖値は204と高いです．ただ，いままでの300以上よりはかなり下がっています．この調子で食事療法を続けていかれるといいと思ます．○○さんはどう思われますか？」

HW1：情報に対するフィードバックは含んでいるが，情報のネガティブな側面に焦点が当てられている．包み隠さない情報提供は必要であるが，可能な限りポジティブな側面に焦点を当てることが必要かもしれない．

HW2：情報は客観的な事実として提供することが望ましい．ヘルスケア・ワーカーの熱心さが情報に異なる意味をもたせてしまう可能性もある．

HW3：このフィードバックは，具体的で，特定の事実のみを伝え，客観的でもある．望ましくない結果ではあるが事実は事実として，そのうえでポジティブに結果をとらえていくことは効果的であろう．

注）健康に対する働きかけにおいては，プロスペクト理論（prospect theory）を応用したメッセージの提示の仕方を活用することでより効果的なアプローチに結びつきやすい（五十嵐透子，2001a）．人は，ポジティブで好ましい結果が得られると思う場合にはリスクをとりにくく，ネガティブで負担がかかると判断した場合にはリスクをとる傾向をもつ．

　これから「検診を受けると，早期発見ができる」という利得メッセージ（gain-framed message）と「検診を受けないと，進行している場合には命にかかわる」という損失メッセージ（loss-framed message）がある．様々な要素（個別的な捉え方，実施頻度，気分や自己防衛状態，過去の経験，セルフ・エフィカシーなど）を考慮しながら，結果の影響と提示の仕方を工夫することでより効果的な働きかけになる．健康に関しては，健康障害を調べる場合（detection）やヘルスプロモーションや予防（prevention），治癒や回復に関する場合（recuperation）があるが，すべてに対しネガティブな結果をネガティブな提示で行う傾向が起きがちである．しかし，それぞれポジティブな提示とネガティブな提示によって，効果がそれぞれ異なることが明らかになってきている．

9. 最小限での励まし：話を続けるような促し（minimal encouragement）

目的
①クライエントにそのまま話を続けることを促すために用いる．
②聴き手であるヘルスケア・ワーカーがクライエントの話を聴いていることを伝える．

方法
1) バーバル行動：
① "それで…"，"そうですね"，"続けて（ください）…" といった短い助言，話すことや思い出すことを促進したりする場合に用いる．
②クライエントのその場で話した内容の一部を用いる：薬の内容を話していたら，「お薬が…」．家族の内容を話していたら，「妹さんが…」．
2) ノンバーバル行動：うなずき（p.55）や表情の変化，姿勢など様々なものが含まれる．

留意点
①頻回にやりすぎない：ロール・プレイなどの短いやりとりでも録音してみると，頻回にやりすぎていることに気づく人が決して少なくない．過剰に行うと，逆効果としてクライエントが話に集中しにくくなったり，遮断してしまう可能性をもつ．
②会話の内容に合わせて行う．
③自分自身のうなずきや相づちなどのコミュニケーション・パターンを把握しておく．

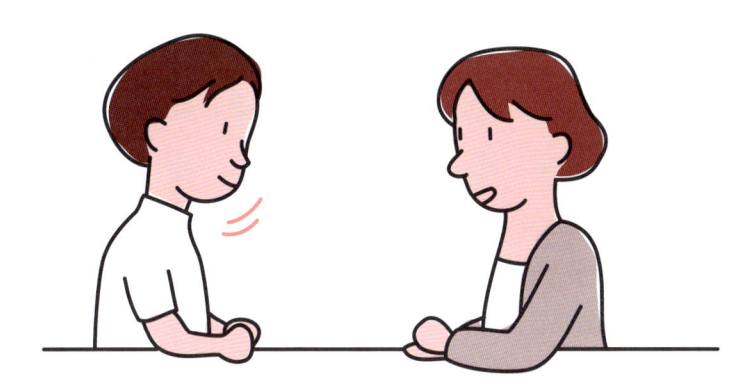

10. 話を聴く姿勢や態度とそれを伝える行動とジョイニング（joining）とミラーリング（mirroring）

目的　コミュニケーションにおいて基本となる態度であり，思いや感情の言語的やりとりだけでなく，態度やノンバーバル行動でクライエントにそれを伝えることが必要である．効果的なコミュニケーション・スキルをもつヘルスケア・ワーカーは，表情やアイコンタクト，姿勢などをクライエントに合わせて変化させる（Patterson，1983）．これは，ヘルスケア・ワーカーが自分自身およびクライエントのノンバーバル行動を意識し，ク

ライエントに与える印象を理解して行動しているといえる．

　また，バーバル行動だけでなくノンバーバル行動も含まれる．ジョイニング（joining）は構造的家族療法（structured family therapy）のSalvador Minuchinの概念で，家族が独自の発達する力をもち，その発達過程で家族が再構造化されることに注目したが，まず必要になることを治療者が理解し，共に改善していくことをクライエントに伝えることを目的に行う（Goldenberg & Goldenberg, 1991）．また，行動療法的家族療法でもジョイニングの技法は重視される．これは従来の家族システムの外から働きかけてシステムを変えようとするのではなく，セラピストもシステムのメンバーに加わり，システムのもつ強さを高めていくのに働きかけるように変化している点ともつながるものである．

　具体的には，クライエントの言葉づかい，動作，感情体験，コミュニケーション・スタイルなどを合わせていく．たとえば，クライエントの①気分や雰囲気，②動き（座りかた，脚の組みかた，手の動かしかたなど），③話す内容や意見，④ルールや規範，⑤用いられている防衛機制など．

　一方，クライエントに気づかれずにクライエントの動きに対し鏡のように「まねること」をミラーリング（mirroring）と呼ぶ．自己心理学の概念であるが，クライエントの人格傾向によっては，包み込む状態と同じような作用をもつ場合がある（Lachkar, 1985）．

方法　適切な視線の保持：
①クライエントに対して，コミュニケーションしていることに焦点を当てていることを表現する．
②凝視するのではなく，アイコンタクトは自然で直接的に保つ．
③比較的一定であること．視線を頻回にはずすことは，回避や注意を向けていないというメッセージを伝える．
④視線をはずすときは，考えていたり，議論を始めるときである場合や避けたい話題であることが多い．

自然でリラックスした態度で話を聴いている姿勢の維持：
①自然で，リラックスして，興味をもっていることを伝えるものである．
②身振り手振りのジェスチャーは，大げさではなく自然である．
③表情は話の内容と一致している．

クライエントの言っていることを集中して聴き，フォローしていることを伝える：
①温かく，表現に富み，ゆったりとした穏やかな口調と速度で行う．
②クライエントの話した内容に沿ったものである．
③クライエントの話題をはずしたり話している途中に中断しない．
④会話の内容が話し尽くされたときは，その前にクライエントから話された内容に関連したものを用いる．

適切な沈黙の維持：
　沈黙に対し苦手意識を抱いている人は少なくない．前述（p.70）したように，沈黙には数多くの意味が含まれている．沈黙になった瞬間から「何か話さなければ」と焦ってしまっては，クライエントにとっての沈黙の意味を見失ってしまう．

まず，冷静に沈黙をとらえることが必要である．また，自分自身がどうして沈黙を苦手としているのか関連要因を考えることも必要である

exercise

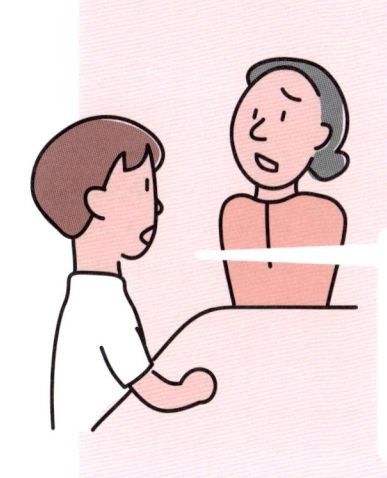

HW	「家に退院することの何が大変なのか話してくださいますか？」
Ct.	「どんなふうに生活していっていいのか，いろいろ考えてしまうとみんな大変そうで．いつも緊張していなくちゃならない感じがして」
HW1	（メモをとり始める）
HW2	（クライエントを動揺することになるかもしれないので，視線を避ける）
HW3	（クライエントと視線を合わせ，続けて話すことを促す）

HW1：絶対に必要であればしかたないが，そうでなければこの場面でメモをとらない方が望ましいかもしれない．会話中にメモをとることは，クライエントが気を散らせたり，話したことを受けとめてもらえないと体験する可能性がある（p.62参照）．
HW2：クライエントに不快感と不信感，自分の話に興味がないことを示すことになる．
HW3：じっと見つめてしまうことは望ましくないが，視線を合わせることは重要である．

exercise

Ct.	「そのことは話しにくい．今まで誰にも話したくなかったし……でも話した方がいいのかな．夫が会社から戻るまで，台所で飲んでいます．……（沈黙）」
HW1	「ご主人も飲まれるのですか？」
HW2	「言いにくいことのようですね」
HW3	「そんなに飲んでいたら，かなりの金額になるでしょう」
HW4	（沈黙を維持し，次のクライエントの発言を待つ）

HW1：話題を変えている．クライエントはクライエント自身の問題とクライエント自身に

ついて話しているのであって，夫について話しているのではない．いずれ必要になる情報かもしれないが，この場面で問いかけることはクライエントから視点をはずしてしまう可能性がある．

HW2：クライエントがこの話題を話すことの難しさの感情に反応しており，この話題について話すことをサポートしている．また，この反応は，クライエントの感情をキャッチし沈黙の意味が何であるのかを理解しようとしているように思われる．

HW3：この問いかけもいずれ必要になる情報であるかもしれない．この時点ではクライエントの行動に焦点を当て，困難なことについて話し合うことが望ましいと思われる．

HW4：クライエントの沈黙は，話しにくかったことを思い切って言葉にしたことへの躊躇や後悔から生じているのか，話したことで改めて自分の行動を考えているのか，あるいは話した内容に対するヘルスケア・ワーカーの反応を待っているのか，など可能性はいくつもある．それぞれ対応は異なるが，ここでは仮にヘルスケア・ワーカーが沈黙の意味を判断しづらく対応に困った状態であれば，余計なことを話すよりもクライエントの反応（バーバルなものだけでなく，ノンバーバルなものも含めて）を待つことが適切な対応の1つといえる．

11．ユーモア（humor）

目的　ユーモアはコミュニケーションの1つとして，特に病気の発症や入院，がんの診断名や予後を知ったときなどに対するコーピングの一方法として研究され，多様な要素の関与が明らかにされてきている．これには，ユーモアの引き起こす生物学的かつ心理社会的側面へのポジティブな効果が大きく貢献している．身体的・心理的・社会的各側面でより健康的な状態を高める方法の1つである．笑うことはテレビやビデオのコメディーなどを観て1人で行える場合もあるが，ユーモアは多くの場合，対人関係の相互作用のなかで用いられる．

ユーモアと関連要素　ユーモアとは，対人関係においてユーモラスと知覚されたメッセージの1つで，微笑みや笑いを誘われたり，おもしろく感じることであり（Robinson，1977），笑いという行動を伴うことが多い．また，不安や葛藤に

対するコーピングの一方法でもある（Davidhizar & Shearer, 1996）．苦痛や悲しみなどを意識からはずし，別のコンテキストへ移す効果をもつ（鷲田清一，1999）．

　ユーモアは，ユーモラスなコミュニケーションの送り手と受け手が必要である．送り手は，その場や話している内容に一致していない対人関係や対象物，アイディアやイメージなどを知覚し楽しめる能力を必要とし，相手がそれらを共有して楽しめるようにユーモラスなメッセージを伝達する能力（Ziv, 1984）が必要である．一方，送り手の発するユーモアを受け止める，メッセージの受け手も必要である．受け手はユーモラスなメッセージを認知的かつ情動的・感情的に理解し楽しむ能力が必要であり，かつその場や会話の内容に一致していないが危険や脅しではない状況を理解し，楽しむことが必要となる（Ziv, 1984）．

　ここで明確にしておきたいことは，"ユーモア"とユーモアにより引き起こされる"笑い"の違いである．上述したように，"ユーモア"はおもしろいと感じる言語的あるいは非言語的行動であり，"笑い"は行動である（五十嵐透子，2002）．ユーモアにとって重要な要素には，"共に笑う（laughing with）"（Davidhizar & Shearer, 1996）ことである．対人関係のなかで何らかの出来事を共有したり，共に楽しんだりすることであり，両者の結びつきをつくり，かつ関係性を深める効果をもち，ユーモアとの共通性があるコミュニケーションといえる．

　表V-3にユーモアの活用におけるアセスメント項目をあげた．

■ 表V-3　ユーモアの活用におけるアセスメント項目 (Schultes, 1997)

1. クライエントの年齢
2. クライエントのもつ文化
3. クライエントのユーモアセンス
4. クライエントがユーモアをコーピングの方法として使用しているか
5. クライエントがユーモアや冗談・からかい・笑い・ほほえみを率先して行うか否か
6. ヘルスケア・ワーカーの提供するユーモアを受け入れたときの反応
7. ユーモアに対する否定的な反応の有無
8. 教育レベル
9. ユーモアの理解度
10. 疼痛の有無と程度
11. 意識レベル：投与されている薬の影響など
12. 混乱状態や器質的変化の有無
13. 不安レベル
14. 情動的に不安定，過剰な不安状態，過剰な怒りの有無

ユーモアのもつ生物学的・心理的・社会的効果

ユーモアは，ストレスに対する原始的かつ適応性のある反応で，体内・外のホメオスターシスの維持のため，かつ安寧・幸福などの感覚（sense of well-being）の維持のために効果的な対人関係の1つである．ユーモアに関する研究は，Paskindによって，1930年代に始められた（Fry, 1992）．Fryはユーモア研究の第一人者であり，身体的効果を科学的なデータに基づき証明してきている．身体的・心理的・社会的効果をまとめると表V-4のようになる．

■ 表V-4　ユーモアと笑いの効果

身体面　（Cousins, 1979, 1983 ; Fry, 1979, 1992を参考に）

1. 筋肉系
笑いは運動による筋肉系の動きと同様な効果が得られる．そしてこの効果は終了後もリラックスした状態として最長45分間継続する

2. 呼吸器系
呼吸の換気と呼吸粘膜の詰まりを改善する効果をもつ．しかし通常の酸素使用量よりも6倍以上を必要とするため，呼吸器系や循環器系の健康障害をもつ人々には留意して用いる必要がある

3. 循環器系
心筋の運動を促進し，動脈と静脈の循環を促進する．これにより，細胞への酸素と栄養供給が促進される．心拍数や血圧の上昇が生じるため，循環は促進され，免疫機能の促進や回復の促進にもつながる．しかし循環器系の健康障害の種類によっては逆効果になる場合もあるため，留意して行う

4. 内分泌系
エンドルフィンの分泌が促進されるため，疼痛の軽減や心地よさが増加する効果をもつ

5. 免疫系
食細胞（phagocytes：白血球など）の動きを盛んにし，免疫反応における最初の働きをするS-IgA（Salivary Immunoglobulin A）を高める効果をもつ

6. 中枢神経系
脳への酸素の供給を高める働きをもつ．カテコラミンの血中濃度を高める作用をもち，これにより，記憶や認知などの精神機能の高まりがみられたり，副交感神経系を優位にする効果をもつ．しかしユーモアのもつ中枢神経系への影響はまだ十分に解明されていない

心理面
（Herth, 1990 ; Kuiper & Martin, 1993を参考に）
1. 現実の自己イメージと理想とする自己イメージの調整や調和
2. 自尊心の高まりと自己イメージの安定化
3. 内的ストレスや緊張状態の軽減とホメオスターシスの保持
4. ストレス下における疼痛や苦悩の低下
5. 希望や将来への見通しの高まり
6. 喜びなどのポジティブな感情や感覚の高まり
7. 憂うつな気分や抑うつ的な状態の軽減

社会面
（McBrien, 1993を参考に）
1. 社交性の高まり
2. 親密性の深まり
3. 関係性の深まり
4. 自他ともに不完全さの受容
5. さまざまな情報の迅速かつ確実な伝達

身体的側面への影響：
　身体面でも筋肉系では，100回笑うことは，15分間の自転車こぎの運動や10分間のトレッドミルで走るのと同じ効果が得られることが明らかになっている（Fry，1992）．また，20秒の大笑い（belly laughing）は，心筋運動のためのボートこぎの3分運動に等しく，これらの効果は，笑いをやめたあとのリラックス状態で測定すると，脈拍・血圧・筋肉の緊張は通常よりも低下し，最高45分間持続することが判明している（Fry，1979）．その他，呼吸器系，循環器系，内分泌系，免疫系，中枢神経系などへのポジティブな影響がみられる．

心理的・社会的側面への影響：
　情動面においては，緊張やストレスの軽減，将来の見通し，希望，喜びの感覚を高める（Herth，1990）．これらの効果によりリラックス感覚は高まり，回復の促進につながりやすい．
　対人関係においては，両者間における結びつきのきっかけをつくったり，関係を深める効果をもつ．これは，ユーモアがケアと人間性を含んだメッセージであり，それが受け手に伝わるためである（Sumners，1990）．

留意点　表V-5にユーモアを用いるさいの留意点をあげた．ユーモアは苦痛や悲しみなどを異なるコンテキストに入れるコーピング方法の1つであるが，すべての対象や状態に効果的とはいえない．身体的あるいは健康障害の種類や重症度がまずあげられる．次にユーモアに関する個別的要因（表V-6）への配慮が必要となる．ユーモアは個別性の高いものであり，それまでの生育歴からの影響や文化的影響，教育レベル，コーピングとの関連性への理解度，笑いのとらえかたなどと関係をもっている（表V-3）．クライエントのこれらの背景を理解したうえで用いられることが望ましい．3つ目は環境的要因で，コミュニケーションのもたれる場に十分留意する必要がある．たとえば，ユーモアの種類によっては，パブリック・スペースで実施することは不適切な場合がある．また，大部屋で同室者に疼痛を抱いている人や抑うつ状態の人がいる入院環境のなかでは，ユーモラスなメッセージを送ることは，ある人にとっては不快な状態を抱くことにもつながる場合がある．

■ 表V-5　ユーモアを用いるときの留意点

1. 身体的あるいは健康障害の種類や重症度への考慮
    1) 呼吸器系や循環器系の重症度
    2) 身体疾患（動脈硬化の悪化・胸部骨折の術後・腹部手術後・喘息など）
    3) 疼痛などの身体的苦痛状態の有無と程度
    4) 不安や意識レベル
2. ユーモアに関する個別的要因（表V-6参照）
3. 環境的要因
    1) その場の雰囲気
    2) 同じ環境内の他の人々の身体状態や心理状態

■ 表V-6　ユーモアの関連要素 (Schultes, 1997を参考に)

1. 家庭環境：育ってきた家庭でのユーモアの役割
2. 生育歴のなかでのいじめやからかわれなどの体験の有無と程度
3. 好きな冗談の有無と種類
4. 一番好きな冗談やユーモアの種類
5. 笑う頻度
6. 毎日の生活の中で笑う対象や内容
7. 笑いに伴う感情
8. 一番最近笑ったとき
9. ユーモアの受け入れ状態
10. ユーモアをリラックスやコーピングの1方法としての捉え方

12. 要約 (summarizing)

目的　1つの内容に対して，あるいはその場面全体の流れや話し合われた内容をまとめることで，話し合った内容を明らかにし，再度見つめたり考えたりするのに役立てる．あるいは前回の会話の内容をまとめて伝えることで，相互理解を深め，クライエントとの協同作業が行いやすくなる．また，誤解が生じないように確認し合い，もし誤解が生じている場合には訂正もできる．

方法　①話し合われた内容と感情のみをまとめる．
②会話の流れや内容，相互関係の状態により異なるが，終了前，開始時，あるいは話題が変わる場面などで用いる．

13. 終結 (termination)

目的　関係が築かれた場合には，別れが伴うものであるが，回避したいものである．分離や別れ (separation) は，その関係を営んでいるすべての人（クライエントにもヘルスケア・ワーカーにも）にとって，その特定の支持的・理解的な関係なしに生きていくことであり，容易なことではない (Sharma, 1986)．実習などの短期間の関係で，学生たちは「お世話になりました．ありがとうございました」とクライエントに伝えるだけで終了する場合が決して少なくない．しかし，特に心理的働きかけの場合には，一定の手続きを踏むことが求められ，開始時に構造化を行っているのであれば，その関係が終わる場合にも1つの儀式的やりとりが求められる．これは喪失 (loss) という体験に直面する機会でもあり，対人関係における成長において必要なものである．しかし，直面することに抵抗が強い場合もある．

別れには寂しさや悲しみ，心細さ，不安，別れたくないなどの感情や思いを伴う一方で，「やっと1人になれる，嬉しい，自由になれる」などの感情や思いも抱く（馬場禮子，

1999).

> **種類** サイコセラピーにおける終結に関してはいくつかの用語が用いられるので，参考のためにあげておく．セラピー開始前（pre-therapy）と継続セラピー開始後（in-therapy）に区分してとらえることができる．（表Ⅴ-7を参照）

■ **表Ⅴ-7 終結（termination）**
（馬場禮子，1999；西村良二，1993；Sharma，1986を参考に）

> **種類** **セラピー開始前（pre-therapy）**
> 　ドロップ・アウト（drop-out）：予約をとったが，1回目の面接に受診しない場合
>
> **継続セラピー開始後（in-therapy）**
> ・ドロップ・アウト（drop-out）：セラピーの継続期間や継続回数には関係なく，話し合いをもつことなく，クライエントがセラピーを中止してしまった場合
> ・中断（premature termination）：
> 　継続した心理的援助を必要としているが，何らかの理由で中止する場合
> 　・クライエントがセラピーに対し何らかの不満を抱いていることで生じる場合
> 　・クライエントとセラピストの関係が築きにくい場合やセラピストの力量不足
> 　・何らかの要因で行き詰まっている場合
> 　・やむを得ない事情（交通手段や距離的に継続が困難な場合，乳幼児を抱えた場合に世話をしてくれる人が見つからない場合，職場や学校などを定期的に休むことが困難な場合など）
>
> **留意点**
> 　・話し合いをもつ：要約と今後の課題など
> 　・心理的援助に対するネガティブな感情を抱いたままにしないような働きかけ
> 　・他機関への紹介など
> ・終結（termination）
> 　①クライエントの希望：何らかの抵抗によるものか，現実的な理由からかの判断
> 　②セラピストからの提示
> 　③やむを得ない事情に伴って

> **終結場面と方法** 開始時に何を目的としたかの構造化によるが，症状が改善したり，対人関係をはじめとする適応状態が高まったり，あるいは自己理解や自己洞察が深まり，クライエント自身が自分で取り組んでいける状態になったときなどに終結となる（西村良二，1993）．クライエントが希望して，セラピストからの提案によって，あるいはセラピストの異動や退職などのやむを得ない事情によっても生じる．終結直前から数ヵ月前に終結の話題を提示し，話し合いをして行われる．

> **留意点** ①開始時に終結時期が明確になっている場合（実習など）には，最初にこれを伝えておく．
> ②1回だけの場合には，終了時に別れをすることと，今後必要になったときの手続きなどを説明しておく．
> ③十分な時間をとって行うことが必要となる場合のあることを理解しておく．
> ④「また今度」，「何かあったら連絡をください」など，「さようなら」の代わりに

様々な表現をして，別れに直面することを避けることにならないようにする．
⑤守秘義務に関する説明を行う．施設外で出会った場合の対応を説明することで，守秘義務が伝わりやすい場合もある．心理的働きかけの場合には，守秘義務の点から施設以外の場所で偶然出会ったとしても，元クライエントにこちらから声をかけることは行われない．これはクライエントに同伴者がいるかもしれず，もし同伴者がいた場合には説明を求められることにつながったり，内緒にしていたことが内緒にできなくなる場合もあるからでもある．
⑥今後サポートが必要になった場合の方法や手続きを説明する．
⑦中断の場合で継続することが専門的判断から望ましいことであっても，クライエントに継続を強要しようとしたりすることは望ましくない．中断がクライエントの何らかの抵抗のためによるものか現実的なものであるのかの判断が必要である．
⑧クリニックや外来通院の場合では，6カ月以上の継続は全体の20％程度で，ドロップ・アウトや現実的事情ではない理由からの中断は，特に開始後数回までが多くみられる傾向（Sharma, 1986）のあることを理解しておく．

トレーニング時の留意点

これらのコミュニケーション・スキルのトレーニングにおいてはIvey & Simek-Downing（1980）が指摘しているものを含め，以下の点に留意して行うことが必要である：
①トレーニングの最初の段階では1回に1つのスキルに焦点を当てる．
②モデルとなるものが効果的な場合もある（記述的に説明されている資料やビデオ，あるいは実際の場面などを観察するなど）．
③学んだスキルを様々な場面で練習し，自己観察を通しモニタリングを行う．
④複数のスキルを用い，アドバンス・レベルにしていく．
⑤効果的に自分が用いたい場面で用いられるようにする．

しかし，このようにコミュニケーション・スキルを細かく分けてスキルとしてトレーニングすることには賛否両論あり，スキルばかりにとらわれてしまい，その瞬間，その場で起きていることから焦点がずれてしまい，フロー（流れ：flow）が止まってしまうとの批判もある（Matarazzo & Patterson, 1986）．しかし，コミュニケーション・スキルのレベルがアドバンス・レベルの状態にすぐにたどり着くことはできず，基礎的なスキルを学ぶことが必要であり，プライベートや仕事のなかですでに習得できているスキルもあるかもしれないが，ヘルスケア・ワーカーの初学者や今まで自分のコミュニケーション・パターンを意識することをほとんどしなかった場合や，違和感や問題意識を抱いていても避けてきた状態であれば，改めて基礎に戻りコミュニケーションに含まれる様々な要素のもつ意味や目的を理解し，より効果的なコミュニケーションが営めるようにしていくことも1つの方法であると思われる．

VI. クライエントと自分自身の言動の意味を理解する：防衛機制
defense mechanism

オープンに話しにくかったり，聴くことやわかりあうことができにくい場合がある．コミュニケーション・スキル以外に，どうしてそのような状態が生じるのかを理解しておくことも，コミュニケーションをより効果的にし対象と"わかりあう"ことにつながりやすくなると思われる．

1. 無意識レベルでの不安への適応

生きていることは，毎日がある種の不安との闘いのようなものともいえ，自分のこころのなかにある多様な体験（価値観や考え，感情，衝動や欲求など）をそのまま受け入れたり直面すると，不安が高まり，押しつぶされてしまうようなことになるため，様々な方法を無意識レベルで用いている．これらは，自分の理想としている状態から離れてしまう不安であったり，他者から期待されているイメージから遠のくことへの不安であったり，対人関係レベルであれば，「拒絶されるのではないか」，「拒否されるのではないか」，「変な風に思われるのではないか」，「嫌われるのではないか」などの不安や恐怖感のために，思いや感情，衝動や欲求，意見などをストレートに出さないようにして自分を守っている．これをSigmund Freudは防衛機制（defense mechanism）とした．

Freudは彼の時代以前に提案されていた概念を応用して体系化し，精神医学と臨床心理学の橋渡しを行い，Freud以降も様々な理論家によって追加され，機能ごとに区分される場合もある．防衛機制とは，外界の現実に適応するため，あるいは，こころのなかの不快感や不安を解消するために，自我（ego）が働かせる無意識の機能の総称で，自我が衝動（id）と超自我（superego）をコントロールする働きともいえ，基本的には不安に対し心理的に対応しようとするときに生じる反応である．自己防衛というと，危険なことから自分自身を守ることであるが，1人ひとり危険を感じる内容や態度，対象も異なり，個別性の高いものである．これをHeinz Hartmann（1964）は自我（ego）の自律的な機能として，環境に"適応（adaptation）"する視点からとらえ防衛機制を体系化した．その人がその場の状況に対し自分の心理状態に合わせて適応しようとしているととらえることもでき，この適応も1人ひとりの自我の強さの程度により異なる．不安や焦燥感，怒りなどで違和感や不都合さを体験し困っていても，それらを取り除くことに抵抗を示す場合がある．これは，その人が何らかの理由でそうする必要があるかもしれない，ということも念頭に置かなければならない．ヘルスケア・ワーカーの対象は，様々な健康障害の回復段階にあり，生死に直面した状態にある人たちも含め，通常の生活以上に不安が高まりやすい．この不安から様々な言動をとっているクライエントの言動の意味を理解する1つの方法として，これらの防衛機制を理解しクライエントに対応することは，今後さらに求められる．さらに，ヘルスケア・ワーカー自身も同じように無意識で不安や不快感に対応するために用いていることへの理解を深めることも，クライエントとのコミュニケーションをより効果的にする1つの方法である．

2．種類

　防衛機制の種類を表Ⅵ-1にあげてあるが，下にいくほど自我の発達レベルが高くなる．

■ 表Ⅵ-1　防衛機制（defense mechanism）の種類

1	固着（fixation）
2	退行（regression）
3	抑圧（repression）
4	分裂（splitting）
5	取り入れ（introjection）
6	同一化（identification）
7	投影（projection）
8	否認（denial）
9	躁状態（manic state）
10	反動形成（reaction formation）
11	孤立化や分離（isolation）
12	打ち消し（undoing）
13	置き換え（displacement）
14	昇華（sublimation）
15	合理化（rationalization）
16	知性化（intellectualization）
17	その他（原始的理想化・情動的麻痺・価値切り下げ・逆転・断念など）

（自我の発達レベル：上が低い，下が高い）

これらの多くは，Freud が体系化したものであるが，Freud の娘である Anna Freud や Heinz Hartmann が自我心理学（ego psychology）をつくって自己防衛をさらに発展させたり，対象関係論（object relations theory）の Melanie Klein が発達させたものなども含まれている．

1）固着（fixation）

　　Freud は心理的性的発達段階のステージ理論を確立し，誕生から青年期までを5つの発達段階に区分しているが，発達過程であるいは成長後に何らかの要因で特定の発達段階に執着することが固着である．Freud は，どの段階に固着するかによって固着に伴う障害が異なってくるという見かたをした．たとえば，肛門期への固着は強迫性障害やヒステリー，恐怖症との関連性が，口唇期は抑うつ状態との関連性があると指摘したが，これは現在は否定されており，養育環境のなかでの母子関係を中心とした関係がすべての問題を引き起こすという直接的因果関係ではとらえられないようになっている．固着は退行と関連しており，クライエントにとって安全なステージに戻ることで心的エネルギーを再充電し，再度現実に直面する機能をもっている．

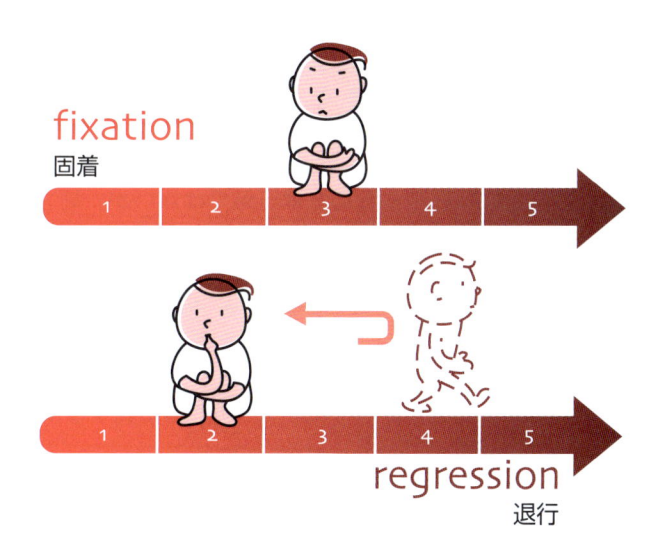

2）退行（regression）

　　一定の発達段階に達したのち，欲求不満や困難な状況に直面したさいに，以前の発達段階まで逆戻りし，そのステージの精神状態や衝動を中心に機能しているような状態である．赤ちゃん返りと呼ばれる現象であるが，乳幼児と全く同じ状態にはならないことを理解しておく必要がある．ヘルスケア・ワーカーの対象となる人々の病気をもつ状態や入院生活は，子どもたちのみならず，成人においても退行を促す特殊な状況である．退行により"依存"は高まる状態になる．たとえ1週間であっても不安や苦痛，不快な状態に置かれると，可逆的な退行になりやすく，自我機能が健康的に発達している場合には，一時的にヘルスケア・ワーカーや家族に依存することが自然な現象である．逆にこのような状態であってもすべて1人で行おうとすることは，必要となる依存を行わないことであり，問題を生じやすいともい

える．これを，Michael Balient（1968）の良性の退行（benign regression；変容するための退行）と悪性の退行（malignant regression；喜びや満足感を得るために行われる）の2種類に照らし合わせてみてみると，健康障害からの回復の機会を新しい体験として，自己の変容につなげることができる良性の退行である可能性のあることの理解により，対応は今までと異なったものになるだろう．

　退行は疼痛が軽減されなかったり，身体的苦痛状態が続いたときにみられやすい．退行反応を幼児化の視点からとらえると，幼児化反応の主要なものに"泣く"，"微笑む"，"笑う"の3つがある（Morris，1977）．泣くことで，ケアを得られやすくなり，微笑や笑いで養育者を引きつけておくことができ，疾病利得となる退行である可能性もある．

　Freudは2種類の疾病利得をあげている（末松弘行・小此木啓吾，1991）：第1疾病利得（primary gain）と第2疾病利得（secondary gain）である．前者は病気や症状により，解決できにくい葛藤やストレスから回避・逃避する効果をもつ．たとえば，お腹が痛いと訴える子どもを学校を休ませて医療機関に連れていき，検査結果から安静にしているように言われる．これにより学校に行きたくない気持ちが増長されていく場合である．後者は病気により周囲から得られる利得で，たとえば，会社で嫌なことがあり上司からしかられるのを避けたい，怖いという状態のときに，病気になることで不安を中心とした感情が身体症状に"置き換え"られ，身体の小さな変化にとらわれた状態となり，それに対し上司や会社の人からは「大切にして」，「ゆっくり休んで」と言ってもらえ，家族からも温かい対応をしてもらえるようになった場合である．

　第1と第2疾病利得を明確に区別することは容易ではないが，周囲はこれらが続いたり，何度も起きると，「病気から治りたくないのではないか」，「苦しいと言っているが楽しんでいるのではないか」，「病気に逃げ込んでいるのではないか」，「病気をわざとつくり出しているのではないか」などの思いを抱きやすくなる．本人のこれらの行動のほとんどは意図的に行っているのではない．しかし，なかには意図的，詐病の場合もあり，交通事故，医療過誤，公的傷害，労働災害などによる補償問題，加害者・被害者関係などでも複雑な問題になることもある．

　これらの退行状態を受け止めるヘルスケア・ワーカーの心身両面の負担は多大なものであ

るため，退行するクライエントに対し様々な感情を抱きやすい．イライラしてベッドサイドに行きにくくなったり，怒りや欲求不満を抱きやすくなる．しかし，クライエントの回復において必要なものであり，何らかの無意識レベルでその状態に適応しようとしていることを理解すると，ヘルスケア・ワーカー自身の感情やとらえかたは異なってくる．ヘルスケア・ワーカーや家族，周囲の人々は，巻き込まれたり振り回されないようにしながら，経過を理解し，現実の問題や葛藤に対して現実的に対応し解決につながるように働きかけていく必要がある．一時的に退行したり，依存を高めることが必要な場合を見極め，一時的な疾病利得を提供し，支持的に自律と自立を促進していく働きかけが必要である．クライエントの状態を的確にとらえられずに，不用意に励まし，「頑張って」と言葉をかけてしまうと，クライエントの回復過程に必要な"退行"する状態を否定してしまう場合のあることを理解しておく必要がある．

しかしこれらの一方で，クライエントを子ども扱いするように依存を過剰に高めてしまい，対等ではなく上下関係を作りあげる危険性が高いことも意識しておく必要がある．

3）抑圧（repression）

意識するのに耐えられない衝動や感情，現実や願望などを意識から押し出し排除する心的活動である．不快感や不安などの感情や苦痛な記憶や耐え難い衝動などを意識から閉め出し，無意識レベルに閉じ込めておこうとする．意識から切り離して無意識においておくため通常の状況では思い出しにくいが，抑圧された感情や衝動，記憶はそのエネルギーをもち続け，夢に出てきたり，神経症状を生じる要因になる場合もある．精神分析中の自由連想で「どうしても思い出したくない」，「思い出させない」，「そんなことを思い出すなら，ここにはもう来たくない」という抵抗が生じているときには抑圧が働いていると考えられ，抑圧感情には，「不愉快だ」，「恥ずかしい」，「嫌らしい」などが含まれる（西河正行，1992, p.989）．抑圧と混同しやすい概念に"抑制（suppression）"があるが，これは意識レベルでの活動で，意図的に「忘れよう」としたり「思い出さないでおこう」と排除する心的活動である．何か特定のことが頭から離れず入眠しにくい場合に，そのことを考えないでおこうとする．これが抑制している状態ととらえられる．

大切な人や物，イメージなどを失う場合を喪失（loss）とよぶが，これには愛情や依存の対象を失ったり（別れ，失恋，死亡，母親離れ，子離れなど），住み慣れた環境や役割を病気や引っ越し，昇進や転勤，結婚や進学などに伴い失ったり，こころの拠り所や理想としている対象を失ったり（会社の倒産，アイドルの死など），所有物が壊れたり盗まれたり，あるいは病気や怪我などにより身体の一部や機能を失ったりする場合などが含まれる（小此木啓吾，1991）．これらには外的な対象の喪失と内的喪失の2つが関与している．「あの人のあんな姿は見たくなかった」と体験することがあるが，これは理想化していた対象と現実とのギャップの大きさによる失望感であり，もしこの状態が耐えうるものでなければ抑圧をして対応する場合もある．この場合には，外的対象喪失とは理想化していた対象を失うことであり，失望や悲しみ，怒りを体験する．内的喪失は内面化していたイメージや理想像，自分自身がその対象を理想化していたことへの直面化が生じ，怒りや絶望感などを体験する．またこの場合に，その人の許容範囲を超えて加わるストレスとして体験する場合とトラウマとし

て体験する場合のあることを理解しておくことも必要である．金 吉晴（1999）はストレスとトラウマの違いを，ストレスは身体の反応としてACTH分泌の亢進状態や脳波のα波の減少などがみられ，ストレッサーが取り除かれることでこれらのストレス反応はみられなくなるが，一方トラウマは時間が経過しても1つの出来事をありありと体験するものであり，身体反応も同じような反応が続く場合であり，恐怖感を何度も繰り返し体験するものであると識別している．そのため，トラウマを体験した場合には，解離（dissociation）*という状態で対応しようとする場合がある．これは小児期の虐待やレイプなどの被害者，あるいは自然災害や戦争などの人工的災害などの場合にみられやすい．これも，その人の心理状態のそのときの許容範囲のなかで適応している状態である．近年，トラウマという言葉がポピュラーになり一般的に用いられるようになったが，「傷ついたこと」がイコール「トラウマ」として表現される場合が決して少なくない．トラウマの理解が広まることは望ましいが，適切な言葉の使用が求められる．

*解離（dissociation）
　解離も防衛機制の1つで，その人の許容範囲を超えるような強い情動体験や記憶，イメージなどを意識しないようにしている状態である．トラウマティックあるいは強いストレスそのものや関連したものを想起しやすくなると，意識や記憶，同一性，知覚などの機能を一時的に変容することで対処しようとしている．これらの機能の破綻をきたす場合には，精神障害の1つである解離性障害（解離性健忘・解離性とん走・解離性同一性障害・離人症性障害など）となる場合もある（APA，1994）．解離は抑圧だけでなく，関係を切り離す分離の動きも含まれていると考えられる（山下達久，1992）．

4）分裂（splitting）

　原始的な防衛機能の1つで，対象関係論を確立したMelanie Kleinの概念である．乳児が空腹のときに，その状態を感じ取りすぐに豊かな母乳を提供してくれる乳房は"よい乳房（good breast）"であるが，泣き叫んでも提供してもらえなかったり，そばにいても母乳の出かたが乏しい乳房は"悪い乳房（bad breast）"となり，苦痛や無気力感，空虚感などを抱きやすい．乳児の発達段階では，1つの乳房が"よい"ときと"悪い"ときの2つをもち合わせたものとは理解できず，同一のものとしてとらえることができない状態であり，自分の願望や感情，ニーズが満たされた状態か否かで，どちらか一方のとらえかたとなる自己中心的であり心理的成長が未熟な状態である．

bad nurse　good nurse

splitting
分裂

　発達段階において，保育園児が「Aちゃんが好き」と言っていても，その数時間後には「Aちゃんは嫌い」と言うことがある．自分が満足するようにAちゃんが行動してくれない場合には，Aちゃんは全面的に悪い対象になり，満足できるように行動してくれる場合にはよい対象になる．臨床場面でクライエントが1人のナースについて分裂した印象をもったり，あるいは複数のナースについて「○○ナースは悪い人，△△ナースはよい人」ととらえたり，「◇◇先生はいい先生だけど，□□先生はだめ」と発言することがある．これらは事実かもしれないが，クライエントの未熟な防衛の現れであるかもしれない．これに対しネガティブな感情で反応するのでなく，クライエントの自我の発達レベルやこのような防衛機制を用いる背景となっていることを"わかる"ことが必要である．クライエントに質問して，クライエントのとらえる「悪いこと」や「いいこと」を具体的に話してもらうことも"わかる"ための1つの方法である．

5）取り入れ（introjection）

　相手自身や相手の属性を自分の内面に取り入れて，自らのものとする自我の活動で，その人が相手の様々な機能を幻想的にイメージとして取り込む過程を指している．体内化（incorporation）や同一化（identification）とも関係が深く，自分の外にある対象との関係やイメージの取り入れにより自分の内面に移し換える（溝口純二，1992）．取り入れは防衛機制の1つであるとともに，パーソナリティや自己の発達において必要なものである．健康的な発達過程において，乳児が母親の愛情や受容などを取り入れ，その体験を内面化し，自分自身と他者への基本的信頼感を発達させることにつながり，自己の発達の中心を形成するのに大きく影響する．そのためにも，安定した愛着の重要性が強調される．

　一方，外的なもの，□□大学，◇◇会社，あるいは一般職のポジションではなく"主任"，"部長"といった肩書きにとらわれる状態がこの一例でもある．このようにとらわれることは"悪い"ということでなく，どうしてその人が肩書きにこだわるのかを"わかる"ことが必要である．自分自身に対し，外的なものをもってこないと不安であるのかもしれない．あるクライエントは「わたしは，大学病院の○○教授に手術をしてもらいました」と言う．これは，手術に対する不安や，自分が臓器番号204ではなく，特別な存在であること（これも不安から生じるものであるが）を伝えることで不安に対応している状態である可能性がある．あるいはこのように外的な要因で自己イメージを高める欲求が強い場合があるかもしれない．

introjection
取り入れ

6）同一視・化（identification）

　　内面化や取り込みと同時に機能している．対象を模倣し，対象と同じように考え，感じ，振る舞うことを通して，その対象を内在化する過程で，パーソナリティの発達においては欠かすことのできない活動である．

　　エディプス期（男根期）の3歳前後の幼児は，それまでは自分は何でもでき大きなものとしてイメージを抱いていたが，親よりも自分は身体も能力も劣っているという事実に対する対応策として自分がその親のようになりたいと願い，意識的および無意識的に努力し励むようになる．同一視はこのようにパーソナリティの発達にとって欠かせないものであるが，一方でライバルとしての親への敵意感情に対する防衛機能としての役割も果たす．自我の対象同一視が強くなりすぎると，自我のなかで不調和を起こしたり，複数の対象との同一視が互いにぶつかり合うことが生じ，自我の分裂が生じる．この極端なケースが解離性同一障害（従来は多重人格性障害と呼ばれていた）（APA, 1994）ともいえるが，解離性同一障害の原因論はその他の要因を考慮する必要がある．これを臨床場面で効果的に活用すると，ヘルスケア・ワーカーがモデルとなり，それをクライエントが同一視，模倣することで行動修正を行いやすくする一方法として用いることが可能な場合もある．

　　入院生活などのなかで，「○○さんのような看護師さんになりたい」とか「△△先生のようなお医者さんになりたい」という発言は，ポジティブな体験に基づきヘルスケア・ワーカーを理想化し同一視し，そのようになれる自分がいると思える状態ともいえる．

identification
同一視・化

7）投射（projection）

　自分のなかに生じた衝動や感情を外に投影し，自分以外の対象がそのような感情や衝動をもっているとして認知する機能で，人は無意識レベルで日常茶飯事行っている．これは，不安や罪悪感を伴う自分のこころのなかの感情や資質，欲望や衝動を抑圧した後で，対象がそれらの感情などをもっているかのように現実を歪めて認知し，自分を保護しようとするために行われる．

　たとえば，嫌いな人がいるが，嫌悪感を抱く自分自身を許せず不快感を抱くために，自分ではなく相手が自分のことを嫌っている，何かよそよそしい態度であると感じる場合などに投射が生じている場合がある．あるいは「○○さんが好き」，「△△さんが嫌い」といった感情を抱く．自分の好きな側面を相手ももっていると感じた場合には，その人を好きになり，嫌いな側面を相手がもっていると感じる場合には，その人を嫌いになる．さらに，無意識レベルで，自分のもっている嫌いな側面や受け入れたくない側面を相手がもっていると思い込み，その人を嫌うこともある（井上カーレン果子，1992）．これが投射である．嫌いという感情には，軽蔑（contempt）という感情を抱く場合もあるが，軽蔑は対象喪失と罪悪感に対する防衛で，罪悪感をもつに値しないとして対象を位置づける試みと考えられる（渡部未沙，1992）．

自分の受け入れたくない・受け入れられない・嫌いな部分

projection
投射

投影同一視（projective identification）

　対象関係論の大切な概念の1つで，クライエントが自己の一部を分裂させ外的対象に投射する．その一部を受け入れたり，クライエントが対処しやすい状態に変容してクライエントに戻すことである（Solomon, 1995）．

8）否認（denial）

　現実を知覚してはいるが，それを受け入れてしまうと不安が生じる状態のとき，外的現実を受け入れることを拒否する．知覚した現実を認識しないようにして，自分を守るための機能であり，「現実を知覚している自我」と「知覚した内容を否認している自我」とに自我が2つに分裂（ego splitting）した状態である（若山隆良，1992）．抑圧は内的衝動や欲求，願望や現実などを意識から排除する働きであるが，否認は外的現実を知覚していながら，その知覚を否定するために現実を意識から排除するのではなく，知覚している自分自身を否定している状態である．また，引きこもり（withdrawal）や非現実化（de-realization）とも異なり，

否認は認知してしまうと不安や不快な状態となるため，現実検討力の麻痺した状態であり，内的および外的境界を不明瞭にする場合もある．しかし，外的現実が自分では処理できないために否認を行う場合には"適応"ととらえることもできる．たとえば，がんの診断名を伝えられたときに，「自分に限って．検査結果が間違っているのではないか」や「何も考えたくない」と発言する状態が否認である可能性がある．その人にとってがんを発症している現実を受け入れると押しつぶされるような不安のためにこのような対応をしている場合，その状態を尊重する必要がある．この状態が延長化すると問題になる場合もあるが，その人が知覚した現実を直視できるようになるまで"待つこと"が求められ，前述した負の受容力（p.22）が必要となる場合もある．

このときに留意しておくことは，「受容は必要なこと・望ましいこと」として医療者側が一方的にクライエントに受容を押しつけたり期待していないかという点である．クライエントの否認状態を批判的に評価しないことが必要である．否認が長引くクライエントに対しては，話し合い，共感し，クライエントの状態をクライエント自身が受容していくよう働きかけることが求められる．「健康障害を受容する」ことを多くのヘルスケア領域で目標の1つにあげるが，自分たち自身のことを考えてみるとこれがいかに一方的な考えかたであるのかが理解できる．就職して1年目に，何度辞めようと思ったり，自分には合わないのではないかと考えたりすることはないであろうか．新車を購入した場合でも，すべての市場調査をして一番いいと思ったものを購入したと思っても，「別の車にしておけばよかったかな」と考えることもあるであろう．

健康障害をいったん受け入れたとしても，その後には「あのとき，こうしておけば，こんなにはならなかったかも」，「あのとき検査しておけば，こんな風にはならなかったかも」といった思いや，無性に腹立たしくなったり，憤りを覚えたり，自分では押さえ切れずに誰かにぶつけてみたりといった状態もみられるであろう．「受容すること」を右肩上がりの直線のように，いったん受容したら，その状態が続くというとらえかたをしがちでもある．しかし，悪性腫瘍などの進行した状態になり，子どもがまだ幼かったり，やりたいことが山積した状態であれば，当然受け入れが困難となる場合もあるであろう．これは成人中期の働き盛りの人たちだけでなく，高齢者の人々にも同様なことがいえることを忘れてはならない．

学校，イヤだな…
それに
休んでる自分ってイヤだな…

denial
否認

9) 躁的状態 (manic state)

　　これは，自我を完全な絶望から保護する役割をとる．躁的防衛には，分裂，投影同一視，否認など他の防衛機制を含んでおり，対象との関係を否認し，征服感や軽蔑感を抱いている場合もある（渡部未沙，1992）．征服感は対象を打ち負かし，依存対象に対する感情を否認するために用いられ，支配感は依存を否定し，逆に対象を支配し自己の依存を対象に満たさせようとする試みである．

　　たとえば，がんや難病の告知を受けたとき，明るく振る舞うことがある．これは，躁的防衛である場合がある．抑うつ状態に耐え切れなく，躁的状態に自分を置いて現実に適応しようとしているといえるかもしれない．あるいは大切な人を喪失した出来事に直面した後で，落ち込むことなく多忙に仕事を続けるときにも，躁的状態で自分を守っている場合がある．これらは，じっとしていられないこころの状態かもしれず，圧倒されるような絶望感から自分を守っている状態であることを理解し見守ることが求められる．そしてその人の準備状態（readiness）が整って，いずれは現実に直面する時期がくるまで，変わりなく接し続けサポートを提供していくことが求められる．

　　抑うつ的な状態と躁的な状態がサイクルとしてみられる場合には，精神障害の1つである双極性障害であったり，自己の傷つきやすさや過去の体験から他者を信じたいが傷つくことへの不安のために信用できずに，他者の一挙一動に過敏に反応して不安定な状態になったり，現実を見つめないようにするために通常よりも元気でいる場合など，幅がみられる．

10) 反動形成 (reaction-formation)

　　自我にとっては受け入れがたい衝動などを意識するのを防ぐため，その衝動，感情，態度，あるいは行動と反対の態度を過度に強調する機制で，不快な感情や衝動を抑え，それに由来するものとは反対の態度や行動をとり，感情や衝動も逆のものを抱いていると思うことである．子どもを愛していない親が，そのような自分を認めたくないので，必要以上に物を買い与えたり，あるいは弟や妹が生まれてきょうだいのできた幼児が，母親を自分から奪った憎い弟や妹に対し過剰に優しく可愛がったり，いい子でいたりする場合に，この反動形成が生じている場合がある．また友人に腹を立てており，嫌悪感や怒りを抱いているが，本人の前

reaction-formation
反動形成

では優しく接したり，劣等感を抱いている自分を隠して自慢や虚勢を張る態度をとったりする場合がある．このようなとき，本人はほとんどの場合，意識的で作為的に行動をとっているわけではないが，周囲や相手は不自然さを感じ，ぎこちなくわざとらしい印象を受け，「ばか丁寧」，「慇懃無礼」，「猫可愛がり」，「くそまじめ」，「強がり」，「しすぎ」，「ぶっている」などの印象を受ける可能性が高い（安斉邦子，1992）．

あるクライエントに対し，不適切な対応をしてしまったと後悔と罪悪感を抱いた場合，そのクライエントに接することを回避する場合もあるが，逆にその出来事には触れずにやさしく接する場合もあり，後者の場合に反動形成であることがある．

注）反動形成に関するいくつかの例を示したが，"社会文化的変化"が心理面に色濃く影響を及ぼすことも理解しておく必要がある．

村瀬喜代子（2000）は，人の誕生に関する表現の変化とそれに伴う行動について次のように述べている．かつては子どもの誕生を「授かる」と表現していたが，近年は「子どもを作る・作らない」と表現しており，そこからは出産がカップルあるいは個人の自由意志に基づくものであるという意識が読み取れる．

かつては，結婚をすれば，カップルも周囲も次世代の家族メンバーを増やすことを暗黙のうちに求め，人によっては一種のプレッシャーになるという状況があった．しかし昨今では，次世代を生み育てることはカップルあるいは個人の自由意思に基づくものである，という状況に変化している．上述の表現の違いにみられる意識および無意識の変化は，こうした社会文化的変化の影響を受けているといえるかもしれない．

「授かる」との表現の場合には，授かったものに対し感謝の思いを抱き，大切に養育が行われるかもしれない．一方，「作る」との表現の場合には，感謝の思いよりも，責任感を伴った養育が行われるかもしれない．しかしながら「授かる」でも「作る」でも，そうした感謝や責任感といった思いを常に抱きながら子育てを続けることは容易ではないだろう．

一方，「作った」場合には，村瀬喜代子が述べているように，"気にいらなければ捨てる，代わりを探す，という感覚にもつながりやすい"（2000，p.113）状態に陥りやすく，子どもは親の所有物ではなく，1人の人格をもった存在であることを，親が尊重しにくくなる可能性や，また，人の"生"への態度が偏ったものになる恐れがある．

ヘルスケア・ワーカーは，このように社会文化的変化が，価値観や態度などに影響を及ぼ

し，無意識レベルにも影響を及ぼすことを理解することが求められる．特に背景の異なる文化の影響を考慮する必要がある．例えば，日本や中国，韓国などの東アジアの文化は，自分の能力を過小評価する傾向をもち，不足している能力を高めるよう努力する傾向があるが，アメリカの文化は自分の能力を高めに判断し，できないことは行わないようにする傾向をもつ（DeAngelis, 2003）．こうした場合，それぞれの文化の影響はどのようであるのかを考えてみる必要がある．

11）孤立化・分離（isolation）

2つの事柄の心的関係を絶ち両者の切り離しを図ることで，不安から自分を守ろうとする活動で，思考と感情を切り離したり，相異なった行為や観念などの間の関係を絶つように働く場合もある（待鳥浩司，1992）．感情的にならずに，冷静に対応しようとするときがあるが，これは様々な情動や衝動のエネルギーを切り離すことで，思考に集中したり論理性や整合性をとりやすくしているととらえることができる．これが適切に行えない場合には，ある事柄が頭から離れない状態であったり，1つのことにとらわれた状態となり，他のことに集中できにくい場合も生じる．

公的な場と自宅での行動や感情を区別しているのも，この機能による隔離した状態としてとらえることもできる．日本社会の公私の区別，表と裏の使い分け（土居健郎，1971）なども分離の1つといえるかもしれない．この場合の分離は生活における適応ともいえるが，帰国子女などは異なる文化背景で成長してきているため，日本文化で求められるこの分離が適切に行えず，不適応になる場合がある．

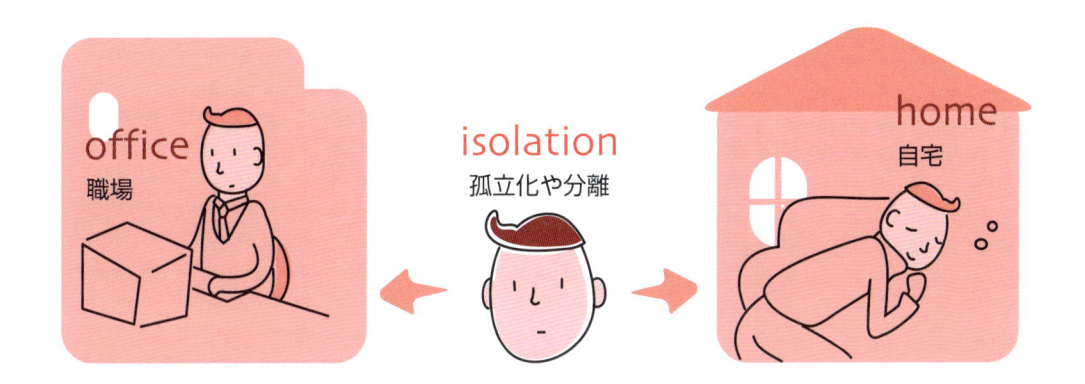

12）打ち消し（undoing）

不安や罪悪感を生じる行動をとったり考えをもったりした後で，それとは反対の心理的効果を生じる行動をやり直したり，反対の考えをもったりすることで，最初に抱いた感情を消し去る活動である．これは，すでになされた行動や意識した考えに伴う不快な情動を正反対の感情的意味をもつ行動や考えによって打ち消そうとする"やり直し"や"復元"と訳されることもある（大西紀子，1992）．敵意を抱いている人の悪口を言った後で，逆に褒めたり優しく振る舞うなどの行動をとることで，罪悪感などを打ち消し，罪悪感から免れようとする場合がある．

undoing
打ち消し

13) 置き換え（displacement）

　　衝動や欲求が満たされないときに，容易に対象を変えたり方法を変更したりする活動で，自我にとってより受け入れやすい別の対象に移すことで適応しやすくなったりして，自分を守ることができる．たとえば，母親-息子や父親-娘のような親子のような年齢差の大きい男女間の恋愛は，両親の一方に対する感情を別の対象に向けることで満たされようとしたり，職場でのうっぷんを帰宅後に自宅のドアを蹴飛ばしたり，パートナーにぶつけたりしてはらすというように，当初の対象への感情を，表出しやすい異なる対象に置き換えることで感情を発散している場合がある．置き換えと似た心的活動に転換（ヒステリー反応：conversion）があるが，これは感情面が切り離され身体を通して心的エネルギーが表出されている状態で，病的にこれが生じている場合はヒステリー性人格障害の可能性もある．

displacement
置き換え

14) 昇華（sublimation）

　　衝動や感情などを満たす方法を，社会的に認められやすい対象や方法に置き換えて，満たそうとする活動で，攻撃的な衝動や感情を，芸術や音楽などで表現することである．置き換えを基本とする機制で，心的エネルギーを抑圧や否認などを用いて対応するのではなく，別の受け入れやすい手段を用いていく．海岸で大声を出していらつきや欲求不満，怒りなどを

ワーッと吐き出したり，サンドバックを叩いたり，運動をして発散したりする場合も含まれるかもしれない．

sublimation
昇華

15）合理化（rationalization）

　　自分のとった行動や態度，思考，感情などに対して論理的で妥当な一貫性のある説明や解釈，理由を用いて，倫理的にも非難されず不安などを抱くことなく遂行しようとする活動で，妄想的なレベルから正常な思考レベルまでの幅がみられる（有坂ふじみ，1992）．合理化は知性化と混同しやすいが，感情や衝動，関係性などの現実そのものを自分の感情などに一致するように正当化する試みで，不都合な現実を歪曲したり，否認したり，自分にとって都合のいい現実だけを選択的に抽出するなど，論理的思考の結果であるかのように見せかける．一方，知性化は正常な現実認識と現実検討の正常さを前提としている．合理化は対人関係のなかで自己主張やうそ，ごまかしなどを用いた自己中心的な適応方法の1つといえる．

あのときのミスは私の間違いではなく，伝達ミスだった．

そうだったかしら…？

rationalization
合理化

16）知性化（intellectualization）

　　欲求や衝動，感情などで，主として性的あるいは攻撃的なものを直接表現したり解放したりすることを避け，抑圧したうえで，知的認識や観念的思考でコントロールしようとする活動である（下村泰子，1992）．現代社会は知的であることを重要視する傾向が強く，周囲からも受け入れられやすい機制の1つといえる．しかしこれが過度になったり，極端に偏った

り，感情と切り離されてしまったり，現実否認のために屁理屈を用いたり，歪曲された情報を用いる場合もある．正常な発達過程の思春期や青年期では，過剰な知性化がみられやすい時期であり，青年期の最も中心的な防衛機制の1つでもある．

あのミスはA＝Cであり，C＝BゆえにDであるから不可避だったわけで，すなわちミスとは言い難く，なぜなら…

間違っていない，と言いたいのね…

intellectualization
知性化

17）その他

これら以外にも，原始的理想化（primitive idealization）は対象を非現実的に"すべてよい対象（all good object）"と見なし，そこに気に入らない要素や悪い要素が侵入して"よい対象"を汚染することを守ろうとする活動である（片山登和子，1992）．これにはよい対象と悪い対象とを2分化する分裂と現実を認めない否認が共存し，さらによい対象である自分のイメージを他者に投射する機制が同時に生じている．

また，情動的麻痺（emotional paralysis）は自分の情動があまりにも不快なものになったときに，自分自身を麻痺させる活動である．たとえば，ズタズタに切り裂かれ血まみれになった状態を一瞬でも見たときに，人は恐怖感に襲われる．それが毎日続くと，恐ろしいことが当然のことになり，恐怖の感覚を失ってしまう．恐怖感を抱く能力は鈍り，現実に血液の色が見えなくなり，悪臭がしなくなり，恐怖感をもたなくなる．一種の適応ともいえ，生存能力を高めている．たとえば，クライエントが毎日のように亡くなる病棟に勤務する看護師や医師たちは，この心的活動を用いて，仕事の継続を可能にしている場合がある．

さらに，リハビリテーションの指示が出されたが，なかなか積極的にトレーニングに打ち込むことのない場合も，周囲は麻痺などの現実を直視して，それを乗り越え通常の生活が営めるように働きかけているが，クライエント自身はまだその状態に至っておらず準備が整っていない場合があるかもしれない．また，家族から「本人には伝えないでください」とがんの診断名や予後や治療方法を話すことを拒否される場合もある．家族はクライエントが現実に耐え切れないだろうと考えてのことかもしれず，これが適切な判断といえる場合もあるであろうが，その一方で家族自身の不安や，診断名を伝えた後の反応や接しかたなどがわからない不安のために事実や情報を伝えることを拒否してくる場合も決して少なくない．このような場面への対応の困難性を抱いているヘルスケア・ワーカーも少なくないのではないだろ

うか．ヘルスケア・ワーカーがこのような家族の不安を受け止めきれずにいると，家族の言うがままに診断名や予後を伝えない状態に陥りやすい．

　防衛機制で重要なことは，どの機制であっても何らかの理由でクライエントはそれを用いており，無理に取り上げるようなことをしてはならない点である．がんの診断名を伝えられたクライエントに対し，このクライエントは不安であるからそれを話すように促す必要があるとヘルスケア・ワーカーは考えることがある．クライエントのもつ適応能力，防衛機制を十分にアセスメントし理解したうえで，そっとしておいて"待つ"方が望ましいのか，言語化するように働きかけた方が効果的であるのかを判断する必要がある．1つの機制だけが単独で用いられている場合だけでなく，複数の機制が同時に用いられている場合もあるので，理解を深めるために"リエゾン・コンサルテーション精神保健活動"などの心理・精神面の専門家のサポートも必要となる．また，限られた機制しか使用されない場合には，柔軟性に欠けて偏った状態になりやすい場合もある．パーソナリティや自己の発達を促し，出来事に対し柔軟に対応できるように多様なバリエーションをもち，健康的に用いられることが望ましい．クライエントの防衛機制による無意識レベルから生じた言動への理解を深めることができると，それまではネガティブな感情を抱きやすかったクライエントに対するとらえかたが変わり，対応しやすくなる．

文 献

1) American Psychiatric Association：Diagnostic and statistical manual of mental disorders (4th ed.). Author, Washington, DC, 1994.（高橋三郎・大野 裕・染谷俊幸訳：DSM-Ⅳ精神疾患の診断・統計マニュアル．医学書院，1996．）
2) Antai-Otong, D.：Therapeutic communication. In D. Antai-Otong, G. Konggable (Eds.), Psychiatric nursing：Biological and behavioral concepts, pp.95-118, W. B. Saunders, Philadelphia, PA, 1995.
3) 安斉邦子：反動形成．心理臨床大事典，氏原 寛，小川捷久，東山紘久，村瀬孝雄，山中康裕編，pp.990-991，培風館，1992．
4) Argyle, M.：Non-verbal communication in human social interaction. In R. A. Hinde (Ed.), Nonverbal communication, pp.243-269, Cambridge University Press, Cambridge, UK, 1972.
5) 有坂ふじみ：合理化．心理臨床大事典，氏原 寛，小川捷久，東山紘久，村瀬孝雄，山中康裕編，p.993，培風館，1992．
6) 馬場禮子：精神分析的心理療法の実践．クライエントに出会う前に．岩崎学術出版，1999．
7) Balint, M.：The basic fault. Tavistock Publications, London, 1968.
8) Basch, M. F.：Empathic understanding：A review of the concept and some theoretical considerations. Journal of American Psychoanalytic Association, 31：101-126, 1983.
9) Bennett, M. J.：The empathic healer：An endangered species? Academic Press, San Diego, CA, 2001.
10) Bion, W. R.：Learning from experience. Jason Aronson, Northvale, NJ, 1994.（Original work published 1962）
11) Birdwhistell, R. L.：Kinesics and context：Essays on body motion communication. University of Pennsylvania Press, Philadelphia, PA, 1970.
12) Bollas, C.：The shadow of the object：Psychoanalysis of the unthought known. Columbia University Press, New York, 1987.
13) Burgess, A. W.：The psychiatric nursing interview. In A. W. Burgess (Ed.), Advanced practice psychiatric nursing, pp.119-132, Appleton & Lange, Stamford, CT, 1998.
14) Butzel, J. S., Ryan, R. M.：The dynamics of volitional reliance：A motivational perspective on dependence, independence, and social support. In G. R. Pierce, B. Lakey, I. G. Sarason, B. R. Sarason (Eds.), Sourcebook of social support and personality, pp.49-67, Plenum Press, New York, 1997.
15) Cousins, N.：Anatomy of an illness. Norton, New York, 1979.
16) Cousins, N.：The healing heart：Anecdotes to panic and helplessness. Norton, New York, 1983.
17) Davidhizar, R., Shearer, R：Using humor to cope with stress in home care. Home Healthcare Nurse, 14：825-830, 1996.
18) Davis, M. H.：Empathy：A social psychological approach. Westview, Boulder, CO, 1994.（菊地章夫訳：共感の社会心理学 人間関係の基礎．川島書店，1999．）
19) DeAngelis, T.：Why we overestimate our competence. Monitor on Psychology, 34 (2)：60-62, 2003.

20) 動物衛生研究所：牛海綿状脳症．http://www.niah.affrc.go.jp/disease/bse/bse-s.html, 2005.
21) 土居健郎：「甘え」の構造．弘文堂，1971．
22) Dymond, R. F.：A preliminary investigation of the relation of insight and empathy. Journal of Consulting Psychology, 12：228-233, 1948.
23) Eakins, B. W., Eakins, R. G.：Sex differences in nonverbal communication. In L. A. Samovar, R. E. Porter (Eds.), Intercultural communication：A reader (5th ed.), pp.292-309, Wadsworth, Belmont, CA, 1988.
24) Engel, G. L.：The need for a new medical model：A challenge for biomedicine. Science, 196 (4286)：126-136, 1977.
25) Engel, G. L.：The clinical application of the biopsychosocial model. American Journal of Psychiatry, 137：535-544, 1980.
26) Erikson, E. H.：Childhood and society (2nd ed.). W. W. Norton & Company, New York, 1963. (仁科弥生訳：幼児期と社会I．みすず書房，1997．)
27) Erikson, E. H., Erikson, J. M.：The life cycle completed：A review (expanded edition). W. W. Norton & Company, New York, 1997. (村瀬孝雄・近藤邦夫訳：ライフサイクル，その完結（増補版）．みすず書房，2001．)
28) Estabrooks, C. A.：Touch：A nursing strategy in the intensive care unit. Heart & Lung, 18：392-401, 1989.
29) Estabrooks, C. A., Morse, J. M.：Toward a theory of touch：The touching process and acquiring a touching style. Journal of Advanced Nursing, 17：448-456, 1992.
30) Evans, D. R., Hearn, M. T., Uhlemann, M. R., Ivey, A. E.：Essential interviewing：A programmed approach to effective communication (3rd ed.). Brooks/Cole, Pacific Grove, CA, 1979.
31) Fey, W. F.：Acceptance by others and its relation to acceptance of self and others：A re-evaluation. Journal of Abnormal Social Psychology, 50：274-276, 1955.
32) Field, T. M.：Effects of early separation, interactive deficits, and experimental manipulation on infant-mother face to face interaction. Child Development, 48：763-771, 1977.
33) Field, T. M.：Massage therapy effects. American Psychologist, 53：1270-1281, 1998.
34) Friedman, H. S.：Nonverbal communication between patients and medical practitioners. Journal of Social Issues, 35：82-99, 1979.
35) Fromm-Reichmann, F.：Principles of intensive psychotherapy. University of Chicago Press, Chicago, IL, 1950. (阪本健二訳：積極的心理療法その理論と技法．誠信書房，1978．)
36) Fry, W. F.：Humor and the cardiovascular system. In H. Mendess, J. Turek (Eds.), The study of humor, pp.56-61, Antioch University, Los Angeles, 1979.
37) Fry, W. F.：The physiologic effects of humor, mirth, and laughter. Journal of American Medical Association, 267：1857-1858, 1992.
38) 藤崎和彦："コミュニケーションがうまくいかない"とはどういうことか．看護技術，42 (5)：6-11, 1996．
39) 福井康之：まなざしの心理学—視線と人間関係．創元社，1984．
40) Geist, R. A.：Self psychological reflections on the origins of eating disorders. Journal of American Academic Psychoanalysis, 17 (1)：5-27, 1989.
41) Gelazis, R. S., Coombe-Moore, J.：Developing a therapeutic relationship. In R. P. Rawlins, S. R. Williams, C. K. Beck (Eds.), Mental health-psychiatric nursing：A holistic life-cycle approach (3rd ed.), pp.109-133, Mosby, St. Louis, MO, 1993.
42) Goldenberg, I., Goldenberg, H：Family therapy：An overview (3rd ed.). Brooks/Cole, Pacific Grove, CA, 1991.

43) Hall, E. T.：The hidden dimension. Doubleday, Garden City, NY, 1966.（日高敏隆・佐藤信行訳：かくれた次元．みすず書房，1970．）
44) Harlow, J. F., Zimmermann, R. R.：Affectional responses in the infant monkey. Science, 130：421-432, 1959.
45) Hartmann, H.：Essays on ego psychology：Selected problems in psychoanalytictheory. Hogarth Press, London, 1964.
46) 春木 豊：ノンバーバル行動とは何か―人間の行動学の観点から．サイコロジー，31（10）：24-29, 1982．
47) 春木 豊：心理臨床のノンバーバル・コミュニケーション．サイコロジー，31（10）：24-29, 1987．
48) 春木 豊・岩下豊彦編：共感の心理学．川島書店，1975．
49) Herth, K.：Contribution of humor as perceived by the terminally ill. American Journal of Hospice Care, 7（1）：36-40, 1990.
50) 東山安子：非言語的メッセージ．石井敏他編：異文化コミュニケーション・ハンドブック 基礎知識から応用・実践まで，pp.58-63, 有斐閣，1997．
51) Hochschild, A. R.：The managed heart：Commercialization of human feeling. University of California Press, Barkeley, CA, 1983.（石川准・室伏亜希訳：管理される心：感情が商品になるとき．世界思想社，2000．）
52) Hoffman, M. L.：Development of prosocial motivation：Empathy and guilt. In N. Eisenberg（Ed.）, pp.281-313, Academic Press, New York, 1982.
53) 掘毛一也：社会スキルとしての思いやり．現代のエスプリ，291：150-160, 1991．
54) 保坂正康：医療崩壊：私たちの命は大丈夫か．講談社，2001．
55) 干場佳美・森田真紀子・五十嵐透子：リエゾン・コンサルテーション―カンファレンスによりケアのゆきづまりが打開されたターミナル期の1事例：ナースとクライエントの関係性の改善を中心に．臨床看護研究の進歩，12：137-144, 2001．
56) 五十嵐透子：看護におけるタッチング教育．日本精神保健看護学会誌，9：1-13, 2000．
57) 五十嵐透子：効果的メッセージと行動選択．看護学雑誌，65：568-573, 2001a．
58) 五十嵐透子：脳の発達とヘルス．看護学雑誌，65：864-869, 2001b．
59) 五十嵐透子：看護者と看護学生のユーモアセンスの比較：多面的ユーモア尺度を用いて．日本精神保健看護学会誌，11：50-57, 2002．
60) 井上カーレン果子：投影（投映，投射）．心理臨床大事典，氏原 寛，小川捷久，東山紘久，村瀬孝雄，山中康裕編，pp.982-983, 培風館，1992．
61) Ishii, S., Bruneau, T.：Silence and silences in cross-cultural perspective：Japan and the United States. In L. A. Samovar, R. E. Porter（Eds.）, Intercultural communication：A reader（5th ed.）, pp.310-315, Wadsworth, Belmont, CA, 1988.
62) Ivey, A. E., Simek-Downing, L.：Counseling and psychotherapy：Skills, theories and practice. Prentice-Hall, Englewood Cliffs, NJ, 1980.
63) 梶田叡一：まなざしのダイナミクス．現代のエスプリ，307：72-82, 1993．
64) 梶原佳子：まなざしを考える―他者からのまなざしと自己へのまなざしと．現代のエスプリ，307：63-71, 1993．
65) 金沢吉展：異文化とつき合うための心理学．誠信書房，1992．
66) 金沢 創：感情は知のネガではない：感情の進化心理学．心理学ワールド，16：9-12, 2002．
67) 菅野 純：心理臨床におけるノンバーバル・コミュニケーション．春木 豊編，心理臨床のノンバーバル・コミュニケーション ことばでないことばへのアプローチ，pp.45-94, 川島書店，1987．
68) 苅谷剛彦：断層化日本と教育危機―不平等再生産から意欲格差社会へ―．有信堂高文社，2001．
69) 片山登和子：原始的理想化．心理臨床大事典，氏原 寛，小川捷久，東山紘久，村瀬孝雄，山中康裕

編，p. 984，培風館，1992.
70) 川口孝泰：ベッドまわりの環境学．医学書院，1998.
71) 川島みどり：看護技術の科学的検証と言語化をめざして：日本看護技術学会が設立される．週間医学界新聞，p.1, 2466：12.17, 2001.
72) Kelly, G. A.：The psychology of personal construct：Vol.I A theory of personality. W. W. Norton & Company, New York, 1955.
73) 木戸幸聖：臨床におけるコミュニケーション―よりよき治療関係のために．創元社，1983.
74) 金 吉晴：トラウマとその回復．こころの科学，84：2-8, 1999.
75) 金田一京介：新明解国語辞典．三省堂，1972.
76) 木村 敏：偶然性の精神病理．岩波書店，2000.
77) 衣笠隆幸：「共感」―理解の基礎になるものと理解を妨げるもの―．精神分析研究，35：478-489, 1992.
78) 北山 修：錯覚と脱錯覚ウィニコットの臨床感覚．岩崎学術出版，1985.
79) Klein, M.：Contributions to psychoanalysis, pp.1921-1945, Hogarth Press, London, 1948.
80) 児玉安司：5 医療訴訟．http://www.naika.or.jp/manual/28.html, 2000.
81) Kohut, H.：The analysis of the self：A systematic approach to the psychoanalytic treatment of narcissistic personality disorders. International Universities Press, New York, 1971.（近藤三男・滝川健司・小久保勲訳：自己の分析．みすず書房，1994.）
82) Krieger, D.：Therapeutic touch：The impromatur of nursing. American Journal of Nursing, 75：784-787, 1975.
83) Krieger, D., Peper, E., Ancoli, S.：Therapeutic touch：Searching for evidence of physiological change. American Journal of Nursing, 79：660-662, 1979.
84) Kuiper, N., Martin, R.：Humor and self-concept. International Journal of Humor Research, 6：251-270, 1993.
85) Lachkar, J.：Narcissistic/borderline couples：Theoretical implications for treatment. Dynamic Psychotherapy, 3 (2)：109-125, 1985.
86) 前田重治：不適応の精神分析―心の健康を育てる―．慶應通信，1988.
87) 待鳥浩司：隔離（分離）．心理臨床大事典，氏原 寛，小川捷久，東山紘久，村瀬孝雄，山中康裕編，pp.992-993, 培風館，1992.
88) Margison, F.：Learning to listen：Teaching and supervising basic psychotherapeutic skills. In J. Holmes (Ed.), Textbook of psychotherapy in psychiatric practice, pp.165-185, Churchill Livingstone, London, 1991.
89) Matarazzo, R. G., Patterson, D. R.：Methods of teaching therapeutic skills. In S. L. Garfiled, A. E. Bergin (Eds.), Handbook of psychotherapy and behavior change (3rd ed.), pp.821-843, John Wiley & Sons, New York, 1986.
90) McBrien, R. J.：Laughing together：Humor as encouragement in couples counseling. Individual Psychology：Journal of Adlerian Theory, Research and Practice, 49：417-427, 1993.
91) Mehrabian, A.：Silent messages：Implicit communication of emotions and attitudes. Wadsworth, Belmont, CA, 1981.
92) Michie, S.：Reducing absenteeism by stress management：Evaluation of a stress counseling service. Work & Stress, 10：367-372, 1996.
93) Miller, S., Nunnally, E. W., Wackman, D. B.：Couple communication 1：Talking together. International Communication Programs, Minneapolis, MN, 1979.（野田雄二・竹内吉夫訳：カップル・コミュニケーション：気づきと人間関係の心理学，現代社，1985.）
94) Minardi, H. A., Riley, M. J.：Communication in health care：A skills-based approach, Butterworth-

Heinemann, Boston, MA, 1997.
95) 溝口純二：取り入れ（摂取）．心理臨床大事典，氏原 寛，小川捷久，東山紘久，村瀬孝雄，山中康裕編，p.985，培風館，1992.
96) Montagu, A.：Touching：The human significance of the skin. Columbia University Press, New York, 1971.（佐藤伸行・佐藤方代訳：親と子のふれあい：タッチング．平凡社，1977.）
97) 森岡正芳：物語りとしての面接：ミメーシスと自己の変容．新曜社，2002.
98) 諸富祥彦：孤独であるためのレッスン．NHKブックス，927，日本放送出版協会，2001.
99) Morris, D.：Manwatching：A field guide to human behavior. Jonathan Cape, London, 1977.（藤田統訳：マンウォッチング人間の行動学．小学館，1980.）
100) 村瀬喜代子：柔らかなこころ，静かな想い―心理臨床を支えるもの―．創元社，2000.
101) 妙木浩之：フロイト入門．ちくま新書，2000.
102) 長井真理：内省の構造精神病理学的考察．岩波書店，1991.
103) 成田善弘：共感と解釈　患者と治療者の共感体験の探索．成田善弘・氏原 寛編，共感と解釈―続・臨床の現場から―，pp.13-30，人文書院，1999.
104) Nguyen, T., Heslin, R., Nguyen, M. L.：The meanings of touch：Sex differences. Journal of Communication, 25：92-103, 1975.
105) 21世紀研究会編：常識の世界地図．文春新書，2001.
106) 西条寿夫・堀 悦郎・小野武年：表情認知の神経機構―他者の意図推定における扁桃体の役割―．脳と精神の医学，13：377-387，2002.
107) 西河正行：抑圧．心理臨床大事典，氏原 寛，小川捷久，東山紘久，村瀬孝雄，山中康裕編，pp. 989-990，培風館，1992.
108) 西村良二：心理面接のすすめ方：精神力動的療法入門．ナカニシヤ出版，1993.
109) 野末聖香：カウンセリングの基本を看護に活かすには．Nursing Today, 16（2）：20-23, 2001.
110) 小此木啓吾：心身症治療における精神力動的観点．末松弘行・小此木啓吾編，今日の心身症治療，pp.15-57，金剛出版，1991.
111) 大西紀子：打ち消し．心理臨床大事典，氏原 寛，小川捷久，東山紘久，村瀬孝雄，山中康裕編，pp. 994-995，培風館，1992.
112) 尾崎和男：父親の共感性と児童の共感性との関連性．教育心理学研究，34：342-346，1986.
113) Panksepp, J.：Toward a general psychobiological theory of emotion. Behavioral and Brain Sciences, 5：407-467, 1982.
114) Patterson, M. L.：Nonverbal behavior：A functional perspective. Springer-Verlag, New York, 1983.（工藤 力監訳：非言語的コミュニケーションの基礎理論．誠信書房，1995.）
115) Pert, C.：Molecules of emotion：Why you feel the way you feel. Scribner, New York, 1997.
116) Picard, M.：Die welt des schweigens. Erlenbach-Zurich, Eugen Rentsch Verlag, AG, 1948.（佐野利勝訳：沈黙の世界．みすず書房，1964.）
117) Porter E. H.：An introduction to therapeutic counseling. Houghton Mifflin, Boston, MA, 1950.
118) Quinn, J. F.：Therapeutic touch as energy exchange：Testing the theory. Advances in Nursing Science, 6（2）：42-44, 1984.
119) 李 敏子：「共感のない解釈」と「解釈のない共感」．成田善弘・氏家 寛編，共感と解釈―続・臨床の現場から―，pp.71-90，人文書院，1999.
120) Rawlins, R. P., Heacock, P. E.：Clinical manual of psychiatric nursing（2nd ed.）．Mosby, St. Louis, MO, 1993.
121) Rice, L. M.：A client-centered approach to the supervision of psychotherapy. In A. K. Hess（Ed.），Psychotherapy supervision：Theory, research and practice, pp.136-147, John Wiley, New York, 1980.

122) Riemer, M. D.: Abnormalities of the gaze: A classification. Psychiatric Quarterly, 29: 659-672, 1955.
123) Robinson, V.: Humor and the health professions. Charles B. Black, Thorfare, NJ, 1977.
124) Rogers, C. R.: Client-centered therapy. In S. Arienti (Ed.), American handbook of psychiatry. Basic Books, New York, 1964.（伊東博訳編：クライエント中心療法の最近の発展 第11章 クライエント中心療法．岩崎学術出版，1967.）
125) Rogers, C. R., 友田不二男編訳：ロジャーズ全集3 サイコセラピ．岩崎学術出版，1966．
126) Rogers, C. R., 畠瀬稔編訳：ロジャーズ全集6 人間関係論．岩崎学術出版，1976．
127) Routasalo, P.: Non-necessary touch in the nursing care of elderly people. Journal of Advanced Nursing, 23: 904-911, 1996.
128) 最高裁判所事務総局医事局：医療関係民事訴訟事件統計
http://www.courts.go.jp/saikosai/about/iinkai/izikankei/tousin.html, 2005.
129) Samovar, L. A., Porter, R. E., Jain, N.: Understanding intercultural communication. Wadsworth, Belmont, CA, 1981.（西田 司，西田ひろ子，真保睦子，津田幸男訳：異文化間コミュニケーション入門―国際人養成のために―．聖文社，1983.）
130) Scharff, D. E., Scharff, J. S.: Object relations couple therapy. Jason Aronson, Northvale, NJ, 1991.
131) Schultes, L. S.: Humor with hospice clients: You're putting me on! Home Healthcare Nurse, 15: 561-566, 1997.
132) Sharma, S. L.: The therapeutic dialogue: A theoretical and practical guide to psychotherapy. University of New Mexico Press, Albuquerque, NM, 1986.
133) Solomon, I.: A primer of Kleinian therapy. Jason Aronson, Northvale, NJ, 1995.
134) 新村 出編：広辞苑．第5版，岩波書店，1998．
135) 荘厳舜也：文化と感情の心理生態学．金子書房，1997．
136) 下村泰子：知性化．心理臨床大事典，氏原 寛，小川捷久，東山紘久，村瀬孝雄，山中康裕編，pp.991-992，培風館，1992．
137) Stern, D. N.: The interpersonal world of the infant: A view from psychoanalysis and developmental psychology. Basic Books, New York, 1985.（小此木啓吾・丸田俊彦監訳：乳児の対人世界―理論編&臨床編．岩崎学術出版，1991.）
138) Stotland, E., Sherman, S. E., Shaver, K. G.: Empathy and birth order: Some experimental explorations. University of Nebraska Press, Lincoln, NE, 1971.
139) Stolorow, R. D., Atwood, G. E.: Contexts of being: The intersubjective foundations of psychological life. Analytic Press, Hillsdale, NJ, 1992.
140) 末松弘行・小此木啓吾編：今日の心身症治療．金剛出版，1991．
141) Sullivan, H. S.: Conceptions of modern psychiatry (4th ed.). W. W. Norton & Company, New York, 1953.（中井久夫・山口 隆訳：現在精神医学の概念．みすず書房，1976.）
142) Sumners, A: Professional nurses' attitudes toward humor. Journal of Advanced Nursing, 15: 196-200, 1990.
143) 高崎絹子：手の考察．看護展望，4：905-915，1979．
144) 竹中郁夫：医療訴訟レポート第5回 医療訴訟これからの風景．http://www.houtal.com/journal/bn/report/001015.html, 2000.
145) 竹内敏晴：からだが語ることば．サイコロジー，3（10）：6-10，1982．
146) Teyber, E.: Interpersonal process in psychotherapy: A relational approach (4th ed.). Brools/Cole, Pacific Grove, CA, 2000.
147) Trevarthen, C.: The foundations of intersubjectivity: Development of interpersonal and cooperative understanding in infants. In D. Olson (Ed.), The social foundations of language and thought, pp.316-

342, W. W. Norton & Company, New York, 1980.
148) Turner, J. G., Clark, A. J., Gauthier, D. K., Williams, M.: The effect of therapeutic touch on pain and anxiety in burn patients. Journal of Advanced Nursing, 28: 10-20, 1998.
149) 薄井担子:科学的看護論. 第3版, 日本看護協会出版会, 1997.
150) Vargas, M. F.: Louder than words—An introduction to nonverbal communication—. Iowa State University Press, Ames, IA, 1986.(石丸 正訳:非言語コミュニケーション. 新潮社, 1987.)
151) 若山隆良:否認. 心理臨床大事典, 氏原 寛, 小川捷久, 東山絋久, 村瀬孝雄, 山中康裕編, pp. 986-987, 培風館, 1992.
152) 渡部未沙:躁的防衛. 心理臨床大事典, 氏原 寛, 小川捷久, 東山絋久, 村瀬孝雄, 山中康裕編, pp. 987-988, 培風館, 1992.
153) 鷲田清一:「聴く」ことの力—臨床哲学試論. TBSブリタニカ, 1999.
154) 渡部 淳:治療関係における共感過程についての実験的考察. 臨床心理, 2: 128-142, 1963.
155) Watzlawick, P., Bavelas, J. B., Jackson, D.: Pragmatics of human communication: A study of interactional patterns, pathologies, and paradoxes. W. W. Norton & Company, New York, 1967.
156) Weiss, A. J.: The language of touch. Nursing Research, 28: 77-80, 1979.
157) Winnicott, D. W.: The maturational processes and the facilitating environment. International Universities Press, Madison, CT, 1965.
158) Wright, B.: Sudden death: A research base for practice (2nd ed.). Churchill Livingstone, New York, 1996.(若林 正訳:突然の死:そのとき医療スタッフは. 医歯薬出版, 2002.)
159) 山鳥 重:「わかる」とはどういうことか—認識の脳科学. ちくま新書, 2002.
160) 山岸俊男:安心社会から信頼社会へ日本型システムの行方. 中公新書, 1999.
161) 山岸俊男:安心と信頼. 心理学ワールド, 7: 20-23, 2000.
162) 山中康裕:序文. 森岡正芳, 物語りとしての面接:ミメーシスと自己の変容, pp.i-v, 新曜社, 2002.
163) 山下柚実:五感生活術 眠った「私」を呼び覚ます. 文春新書, 2002.
164) 山下達久:解離. 心理臨床大事典, 氏原 寛, 小川捷久, 東山絋久, 村瀬孝雄, 山中康裕編, p.824, 培風館, 1992.
165) 横浜市衛生研究所:牛海綿脳症状(BSE)と(新)変異型コロイツフェルト-ヤコブ病について. http://www.city.yokohama.jp/me/kenkou/eiken/idsc/disease/madcow1.html, 2005.
166) 吉田時子:看護婦の手のはたらき. 看護, 28 (8): 17-21, 1976.
167) Ziv, A.: Personality and sense of humor. Springer, New York, 1984.
168) 動物衛生研究所:世界のBSE発症状況(OIE). http://niah.naro.affrc.go.jp/disease/bse/count.html, 2005.
169) Fisher, D. V.: A conceptual analysis of self-disclosure. Journal for the Theory of Social Behavior, 14, 277-296, 1984.
170) 保阪正康:医療崩壊 私たちの命は大丈夫か. 講談社, 2001.
171) 狩野力八郎:プロセスノートの書き方—どんな目的で, いつ, なにを, どのように, 書くか?. 精神分析研究, 47: 141-146, 2003.
172) 春日武彦:援助者必携 はじめての精神科. 医学書院, 2004.
173) 栗林克匡:自己呈示:用語の区別と分類. 名古屋大学教育学部紀要, 42: 107-114, 1995.
174) 最高裁判所事務総局民事局:医事関係民事事件訴訟事件統計, http://courtdomino2.courts.go.jp, 2005.

索引

■ 和文索引 ■

〈あ〉

アイコンタクト　24, 57-61, 68, 79, 105, 106
アサーティブ・コミュニケーション　19, 32, 35
アレキシサイミア　42, 43
アンティパシー　43
アンビバレント　93
あたかも-のように　36
あるがまま　8, 10, 93
悪性の退行　118
脚の動き　65-66, 79
温かさ　20
歩きかた　77
安心感　4-7, 20, 32, 66, 71, 98
安全感　5

〈い〉

インフォームド・コンセント　7, 32
いま-ここで　31, 36, 60, 78, 85, 93, 97, 98, 101
言い換え　93, 96
位置関係　65, 79
医療訴訟　7
依存　5, 117
移動のしかた　77
一次間主観性　41

〈う〉

打ち消し　127
腕の動き　61-62, 79
運動模倣　39

〈え〉

エンコーディング　9

〈お〉

オープンエンド・クエスチョン　82, 88, 92, 95
置き換え　118, 128

〈か〉

カウンセリング　13-15
　　　——・マインド　8-13, 34
カタルシス　12
過剰な同一視　40
回避的態度　24
解釈　27, 28
　　　——的態度　26, 27
解読　9

解離　120
外見　77
外的喪失　119
外部的照合枠　8, 9, 20, 30
間主観性　41
　　一次——　41
　　二次——　41
感情移入　17, 30
感情の生化学単位　38
感情反映　92
感情労働　8, 14, 16, 35
関係性　4, 7, 14
環境設定　78

〈き〉

記号化　9
記録　61
帰属理論　29
基本的信頼感　6
基本的不信感　6
聴き手の抱く感情や考えの伝達　97, 98
技術　19
共感　16, 17-18, 20-21, 30-48
協働　15, 33
境界　15, 43
凝視　57

〈く〉

クライエント中心療法　31
クローズド・クエスチョン　82, 89-90, 91

〈け〉

毛嫌い　42, 43
契約関係　7, 32, 33, 83
頸部の動き　54-56, 79
権利　21, 35
原始的理想化　130

〈こ〉

コンテイナー　5, 6
コンテインされるもの　5, 6
コンテント　81, 95, 100
固着　117
孤立化　5, 59, 127
構造化　82-87, 113
　　　——された質問　82, 90
　　　——されていない面接　90
　　　——面接　90
構造的家族療法　106
合理化　129

〈さ〉

サイコセラピー　13, 14
最小限での励まし　82, 105

〈し〉

ジェスチャー　61, 63, 69, 79, 106
ジョイニング　36, 64, 66, 105-106
支持的態度　26
指示的態度　23
姿勢　52, 61, 63-64, 69, 79, 92, 105, 106
自我　116, 117, 122, 125
　　　——心理学　117
自己　75, 110
　　　——開示　100
　　　——決定　4, 7, 23, 32-33
　　　——心理学　31, 44, 106
　　　——の意識化　20
　　　——中心的な共感　40
　　　——評価　48
　　　——暴露　82, 100
自立　5, 37, 64, 119
自律　5, 7, 37, 43, 119
時間　77-78
失感情症　43
疾病利得　118
　　第1——　118
　　第2——　118
質問法　82, 87-92
社会的認知システム　50
守秘義務　85, 113
受容　20
終結　14, 82, 112-113
純粋性　20, 34
準備状態　23, 32, 33, 34, 95, 97, 125, 130
昇華　128-129
浄化　13, 38
情動調律　40
情動的麻痺　130
情報提供　82, 103-104
心理教育的アプローチ　103
心理・身体的体験　5
身体的接触　14, 15
身長の違い　79
信頼感　4, 6-7, 46, 71
親密なゾーン　67

〈せ〉

セカンド・オピニオン　32
セラピューティック・タッチング　77
セルフ・ディスクロージャー　82, 100-102

生物学的評価システム　50
成熟　20
全身的行為　18, 49
全般的な共感　39-40

〈そ〉

相互性　9, 18
創造性　45, 46
喪失　112, 119
躁的状態　125
損失メッセージ　104

〈た〉

タッチング　68, 70-76, 80
　──・プロセス　72
他律的　5
体位　65, 79
体内化　121
対象　17
　──関係論　5, 11, 117
対照的共感　17
退行　117, 119
態度　8, 9, 16, 18, 19, 21-29, 36, 52, 58, 85, 91, 92, 116
探索的態度　24-25, 28

〈ち〉

治療構造　14, 85
知性化　129-130
逐語録　13
中断　113-114
中立性　18, 21, 93, 97
調査的態度　24-25, 28
直面化　82, 99
沈黙　69, 80, 106, 108

〈つ〉

包み込み　5, 106

〈て〉

デコーディング　9
手の動き　61, 79
適応　116, 119, 124, 125, 130, 131

〈と〉

ドロップ・アウト　113-114
どうして-いま　81
取り入れ　121
問いかけによる返答　82, 91-92
閉ざされた質問　82, 89
投影同一視　123, 125
投射　5, 9, 42, 43, 123
逃避的態度　24
統合化　5, 46
同一視　42, 43, 121, 122
同感　42, 43
同情　42, 43

〈な〉

なぜ質問　24, 25, 88, 102
内的喪失　119
内部的照合枠　8, 9, 16, 27, 30, 35
内面化　5

〈の〉

ノンバーバル行動　92
ノンバーバル・コミュニケーション　49, 51, 54, 79

〈は〉

バーバル・コミュニケーション　82
パーソナル・スペース　24, 52, 67-69, 72, 75, 76, 80
パラランゲージ　66-67, 80
場面の設定　14, 82-87
話した内容　95
話を続けるような促し　105
反感　42, 43
反射的な共感　41
反動形成　125-126
半構造化された面接　90
万能感　9, 46

〈ひ〉

ヒステリー反応　128
否認　123-125, 128, 129
表情　52, 55-56, 69, 79, 105, 106
評価的態度　22
平等　4, 7

〈ふ〉

プライベート・ゾーン　68, 75, 76
プロスペクト理論　104
プロセス　18, 30, 73, 81, 100
　──・レコード　13
負の受容力　22, 26, 30
分離　5, 127
分裂　120-121, 123, 125
文化　20, 54, 61, 63, 66, 68, 70, 71, 73, 77, 99

〈へ〉

変容　5

〈ほ〉

ホールディング　5
ホメオスターシス　110
ボイス・トレーニング　67
ほどよい　37, 56
防衛機制　24, 115-131
微笑み反応　55
本当の自分　46

〈ま〉

マッサージ・セラピー　77

まばたき　57, 59

〈み〉

ミラーリング　82, 105-106

〈む〉

無　47
無共感　42, 44
無条件の積極的・肯定的配慮　35
夢想　6

〈め〉

メモ　61, 107
目の動き　57-61
面接場面の導入　82-86

〈も〉

モデル　41, 97, 114, 122

〈ゆ〉

ユーモア　45, 82, 108-112

〈よ〉

要約　82, 95, 112, 113
養育者の包み込み　5
抑圧　38, 119-120, 123, 128, 129
抑制　38, 119

〈り〉

リエゾン・コンサルテーション精神保健活動　15, 131
利得メッセージ　104
理解的態度　27-28
理想化　119
良肢位　75, 76
良性の退行　118

〈わ〉

わかり合う　17, 27, 30
笑いの効果　108-111

■ 欧文索引 ■

〈A〉

acceptance　20
adaptation　116
affect attunement　40
alexithymia　42, 43
all good object　130
answering by asking　82, 91
antipathy　42, 43
as-if　36
assertive communication　35
attribution theory　29
autonomy　5
avoidant attitude　24

〈B〉

benign regression　118
boundary　15, 43

〈C〉

client-centered therapy　31
closed questions　82, 89
communicating content　82, 95-97
communicating feelings and/or thoughts　82, 97
confrontation　82, 99
contained　5
contained-container　6
container　5
contempt　123
content　81
conversion　128
coordination　15
counseling mind　8-13

〈D〉

decoding　9
defense mechanism　115-131
denial　123-124
dependence　5
directive attitude　23
displacement　128
dissociation　5, 120
drop-out　113

〈E〉

ego　116
──── psychology　117
egocentric empathy　40
emotional labour　8
emotional paralysis　130
empathy　17, 20-21, 30-48
encoding　9
escapism　24
evaluative attitude　22
external frame of reference　8

〈F〉

fixation　117

〈G〉

gain-framed message　104
genuineness　20
global empathy　39
good enough　37

〈H〉

here-and-now　36
heteronomy　5
holding　5
humor　82, 108-112

〈I〉

identification　42, 43, 121, 122
incorporation　121
independence　5
information giving　82, 103-104
inquiry　82, 87-92
integration　5, 6
intellectualization　129
internal frame of reference　8
internalization　5, 6
interpretation　27
interpretive attitude　26, 27
intersubjectivity　41
　primary ────　41
　secondary ────　42
introjection　121
isolation　5, 127

〈J〉

joining　36, 82, 105-106

〈L〉

leading questions　82, 90
listening　18, 49
loss　112, 119
loss-framed message　104

〈M〉

malignant regression　118
manic state　125
massage therapy　77
maternal containment　5
maturity　20
minimal encouragement　82, 105
mirroring　82, 105-106
modeling　41
motor mimicry　39
mutuality　9

〈N〉

negative capacity　22
no empathy　42
nonverbal communication　49-80
nothingness　47

〈O〉

object relations theory　5, 117
omnipotence　9
open-ended questions　82, 88
over-identification　40

〈P〉

paraphrase　95
premature termination　113
primary gain　118
primitive idealization　130
probing attitude　24-25

process　81
──── recording　13
projection　5, 6, 42, 43, 123
projective identification　123
prospect theory　104
psycho-somatic experience　5
psychotherapy　13-15

〈R〉

rationalization　129
reaction-formation　125
readiness　23, 93, 125
reflecting feelings　92-95
regression　117
relatedness　4
repression　119
reverie　6

〈S〉

safety　5-6
secondary gain　118
secure　4-7
self psychology　31
self-assessment　48
self-awareness　20
self-disclosure　82, 100-102
semi-structured interview　90
silence　69-71
splitting　120-121, 123
structured family therapy　106
structured interview　90
structuring　82
sublimation　128
summarizing　82, 95, 112
supportive attitude　26
sympathy　42, 43

〈T〉

termination　112-114
therapeutic structure　85
therapeutic touching　77
transformation　5, 6
true self　46
trust　4, 6-7

〈U〉

understanding attitude　27-28
undoing　127
unipathy　42, 43
unstructured interview　90

〈V〉

verbal communication　82-114

〈W〉

warmth　20
well-being　110
why now　81

why-questions　24, 25, 88
word-for-word record　13

■ 人名索引 ■

小此木啓吾　118, 119
苅谷剛彦　4
木戸幸聖　20, 63, 103
木村　敏　78
北山　修　46
衣笠隆幸　31
土居健郎　127
長井真理　11
成田善弘　27
馬場禮子　112, 113

春木　豊　17, 21, 24, 28, 34, 43, 44, 50, 56, 59, 75
前田重治　16
村瀬喜代子　126
諸富祥彦　8
山岸俊男　4, 46, 47
山中康裕　22
李　敏子　17
鷲田清一　18, 36, 43, 48, 67
Balient, M.　118
Bion, W. R.　5, 6, 9
Bollas, C.　22
Cousins, N.　110
Erikson, E.　6, 7
Freud, A.　117

Freud, S.　85, 115, 116, 117, 118
Fromm-Reichmann, F.　20
Hartmann, H.　116, 117
Hochschild, A. R.　8
Klein, M.　11, 117, 120
Kohut, H.　45
Minuchin, S.　64, 106
Rogers, C. R.　8, 30, 31, 32, 35, 36
Stern, D. N.　40, 41
Stolorow, R. D.,　41
Sullivan, H. S.　4, 41
Trevarthen, C.　41
Winnicott, D. W.　5, 46

【著者略歴】
五十嵐 透子（いがらし とうこ）

国家公務員共済組合連合会虎の門病院でナースとして勤務後渡米し，博士号（心理学）を取得．1997年金沢大学医学部保健学科，2002年より上越教育大学学校教育研究科（臨床心理学），2003年より兵庫教育大学大学院連合学校教育学研究科（学校精神保健学），2009年より上越教育大学大学院学校教育研究科教授．
専門：臨床心理学
主な著書：「リラクセーション法の理論と実際―ヘルスケア・ワーカーのための行動療法入門」（医歯薬出版），「ヘルスケア・ワーカーのためのこころのエネルギーを高める対人関係情動論 "わかる"から"できる"へ」（医歯薬出版）「強迫性障害からの脱出」（共訳：晶文社），「エキスパートから学ぶ 健康教育・栄養相談・生活主観改善指導：生活習慣病の予防と管理」（共著：ライフ・サイエンス・センター）

自分を見つめる カウンセリング・マインド
ヘルスケア・ワークの基本と展開

ISBN978-4-263-23423-5

2003年6月25日　第1版第1刷発行	
2017年10月20日　第1版第8刷発行	著　者　五十嵐　透子
	発行者　白　石　泰　夫

発行所　医歯薬出版株式会社
〒113-8612 東京都文京区本駒込1-7-10
TEL.（03）5395-7618（編集）・7616（販売）
FAX.（03）5395-7609（編集）・8563（販売）
https://www.ishiyaku.co.jp/
郵便振替番号　00190-5-13816

乱丁，落丁の際はお取り替えいたします　　　印刷・教文堂／製本・榎本製本
© Ishiyaku Publishers, Inc., 2003. Printed in Japan

本書の複製権・翻訳権・翻案権・上映権・譲渡権・貸与権・公衆送信権（送信可能化権を含む）・口述権は，医歯薬出版㈱が保有します．
本書を無断で複製する行為（コピー，スキャン，デジタルデータ化など）は，「私的使用のための複製」などの著作権法上の限られた例外を除き禁じられています．また私的使用に該当する場合であっても，請負業者等の第三者に依頼し上記の行為を行うことは違法となります．

JCOPY ＜㈳出版者著作権管理機構 委託出版物＞
本書をコピーやスキャン等により複製される場合は，そのつど事前に㈳出版者著作権管理機構（電話 03-3513-6969，FAX 03-3513-6979，e-mail：info@jcopy.or.jp）の許諾を得てください．

● リラクセーション法を実践する際の道標となる好評必携書！

リラクセーション法の理論と実際 第2版
ヘルスケア・ワーカーのための行動療法入門

◆五十嵐透子 著
◆B5判　182頁　定価（本体2,800円＋税）　ISBN978-4-263-23600-0

■本書の特徴
- 2001年初版発行以来,「こころ」と「からだ」のセルフ・コントロールを望むすべての人々の行動療法入門書として, 高い評価をいただいています.
- 本書はリラクセーション法の実践に当たって活用しやすいものを, それぞれの方法の根拠と具体的な手順を豊富なイラストを取り入れながら解説し, 看護師, 臨床心理士をはじめ, 医療保健関係者に役立つようまとめられています.
- 認知行動療法（CBT）第3世代について新たに加筆, 米国精神医学会のDSM-5に合わせた用語の変更など, 最新知見を取り入れバージョンアップした改訂版.

■おもな目次
- I　リラックス状態の理解
  - A. 一般的にとらえられているリラックス状態　B. パフォーマンスと不安の関係
  - C. 自己コントロールによるリラックス状態の獲得　D. リラックス状態の効果
- II　リラクセーション・トレーニングの背景
  - A. 歴史的経過　B. 行動療法の分類　C. 行動療法の特徴と原則　D. 行動分析（behavioral analysis）
- III　リラクセーション技法の種類と活用の実際
  - 呼吸法（breathing therapy）　漸進的筋弛緩法（progressive muscle relaxation；PMR）
  - 自律訓練法（autogenic training）　系統的脱感作法（systematic desensitization；SD）
  - 認知行動変容療法（cognitive-behavioral modification therapies）　アサーティブ・トレーニング（assertive training）

《《《関連書籍のご紹介》》》

自分を見つめるカウンセリング・マインド
ヘルスケア・ワークの基本と展開

◆五十嵐透子 著
◆B5判　152頁　定価（本体2,800円＋税）
ISBN978-4-263-23423-5

ヘルスケア・ワーカーのためのこころのエネルギーを高める対人関係情動論
"わかる"から"できる"へ

◆五十嵐透子 著
◆B5判　178頁　定価（本体2,800円＋税）
ISBN978-4-263-23493-8

医歯薬出版株式会社　〒113-8612 東京都文京区本駒込1-7-10　TEL03-5395-7610　FAX03-5395-7611　http://www.ishiyaku.co.jp/